# 教育福祉の社会学

〈包摂と排除〉を超えるメタ理論

## 倉石一郎

明石書店

# 目次

## 第3章 「包摂の一歩手前」を可視化した貴重な記録
### ──在日朝鮮人高校生を描いたあるビデオドキュメンタリーから

## 第4章 創発的包摂の教育小史
　　──「必要の政治」を主題とする三つの事例から

## 補　章　〈宿題〉からみた包摂と排除
　　──教育総動員体制論序説

## 終　章　蟷螂の斧をふりかざす
　　——コロナ禍のもとでの思考停止に抗う

# 出発点
──〈包摂と排除〉の同心円モデル

## 1.　本書のはじめに

　社会学や教育学の領域において今日、貧困・格差・差別・排除といった問題群をめぐって多彩な経験的研究が展開されている。そのなかでも筆者が関心を寄せ、自らも経験的記述を積み重ねてきたのが、貧困や排除の克服を目的に立ち上げられた教育政策や制度、あるいは官民両方におよぶ社会事業的改善策の展開である。これらを総称して本書では「**教育福祉**」と呼ぶことにする。教育福祉の目的は第一義的に、学校からの排除に直面している子どもや家族等が被っている種々の不利益や剝奪が軽減されるような支援を、主として教育の場でおこなうことにあると言える。本書が構築をめざすメタ理論とは、教育福祉をめぐる個別の経験的研究が参照すべき道しるべとなるような、事例横断的な理論軸のことである。

　本書の出発点において確認しておきたいのが、筆者を含むわたしたちが教育福祉をめぐって思考したり議論する際に無自覚につきまとっている、ある思考図式の存在である。これが本序論でとりあげる〈包摂と排除〉をめぐる同心円モデルである。教育福祉のメタ理論探求の道のりは、この同心円的思考図式の克服をめざす格闘と同義である。なぜなら〈包摂と排除〉の対概念こそ、教育福祉の理論・実践を構想する際のもっとも力強い相棒であり、また思考をせばめるもっとも厄介な足枷でもあるからだ。

## 2. 同心円モデルが帰結する二つのアプローチ
### ——社会移動モデルと純包摂モデル

　〈包摂と排除〉の同心円モデルとは、概ね以下のような図式（**図序-1**）を無意識に念頭においた、排除と包摂をめぐる思考図式である。そしてそこからは、問題解決を構想する際の有力な二つの思考のすじみちが導かれる。順に説明しよう。

　図の実線の楕円形が現行の社会システムを意味している。現代社会ではその中心に経済システムが位置し、周辺に政治、法、教育、福祉システム等が配置されている。次に小文字のアルファベット a, b である。これらは、現実問題としてシステムに十全に参加しえず、恩恵をこうむることができない立場を示す。任意の誰かが a, b の位置にあるとき、この者は**排除**の状態に置かれている。ではこの排除状態を克服するにはどのような方法があるだろうか。この同心円モデルを前提とする限り、その道は次の二つしかない。それぞれ、細矢印と太矢印で示したものである。

　第一の方法は、システムのあり方が不変であるまま、a, b にある者が**個別かつ自力**で、機能システムの恩恵をこうむりうる A, B に位置を変えるという道である（内向きの細矢印）。この限りでかつて存在した排除は消滅したと言える

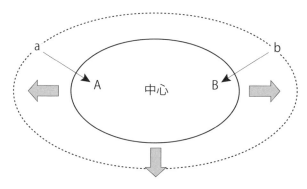

**図序-1　〈包摂と排除〉の同心円モデル**

が、この現象は一般に包摂とは呼ばれない。またこの際にa→Λとb→Bの移動はそれぞれ独立した事象として生起し、相互に何の関係性も認められない。このアプローチの性格が個人主義的なものであることを物語っている。この第一のアプローチを**社会移動モデル**と呼ぼう。

　他方、第二のアプローチは、aやbの位置に留まった者が**居ながらにして**、システムの恩恵をこうむることができるようになるよう、全体の布置に変化をもたらそうとするものである。それは、楕円状のシステムが位置a, bを包含できるまで、その版図を拡張し点線状のものに拡張することである（外向きの太矢印）。生活扶助の支給やベーシック・インカム政策などがその典型である。一般に包摂の名に値する変化と見なされるのはこちらの理念型のみである。そこでこれを**純包摂モデル**と名づけることにしよう。

　この二つの理念型は、水と油のように対照的である。前者が個人主義（心理）的アプローチをとり体制改良主義的であるのに対し、後者は集合主義（社会）的アプローチ、抜本的改革主義の立場に立っている。では両者が救済のツールとして教育をどう位置付けているかという点をもう少し掘り下げてみよう。まず社会移動モデルにおいて、教育には最重要の位置づけがなされている。近代以降の社会におけるこの方法の特徴は、それが人格化されている点にある。つまり不利な位置a, bから有利な位置A, Bへの移動という命題は、その位置に立つ者の人間性（人格）に変化を起こすという命題（人格a→人格A, 人格b→人格B）へと事実上変換されているのだ。この転換の中核に位置するのが心理・人格的変化の媒介手段としての教育なのである。

　社会移動モデルの長所は、個人ベースの自助思想に基づくゆえに、個人の努力に俟つところが大きく、社会政策としてみたとき低コストで済む点である。外部から当人への働きかけがあったとしても、精神的激励の占める割合が高い。もっともこのモデルにも、「給付」という形態での物質的支援がまったくともなわないわけではない。奨学金制度がその典型例である。しかしその場合、対象はすでにある程度の選抜をくぐった一握りの者に限られることが多い。有為だが貧乏な出の若者のために村の名望家が出資するといった、近代日本でかつて広く見られたインフォーマルな支援行為を思い浮かべればいい。しかしながら低コスト性という特長を裏返して考えれば、このアプローチによる捕捉力が

弱く、効果に広がりがないという欠点でもあることが分かる。しかしこうした個人ベースの奨学事業は必ずしもエリート志向とは限らない。西洋の慈善・博愛団体の活動のなかで取り組まれた奨学事業は幅広い社会階層を対象としていたし、日本でも同和対策事業の一環に位置づけられた奨学金事業の例、さらには朝鮮奨学会の事例などがある。

　社会移動モデルの二番目の長所は、支援を必要とする側の主体性が尊重される点である。自助をベースにしたアプローチだから当然のことのように思えるが、敢えてこの点を強調したい。この支援モデルが成立するには、主体にとって、支援事業が利用可能な資源であるという関係性が必要である。ところがここにパターナリズムが働き、主体性尊重という原則が侵されてしまうケースが意外に多いのである（主体性軽視は第二の純包摂モデルの主要な欠点でもある）。

　他方で第二の理念型・純包摂モデルはどうだろうか。排除克服のツールとしてみた教育は一般に、この第二のモデルとの相性はあまり良くないといわれる。その一つの理由は、このアプローチが問題の当事者に対して一切の自己努力や自己改善の請求をせず、「**居ながらにして**（そのままの状態で）」排除をこうむる境遇から脱することを約した点にある。そこには、社会移動モデルに見られたような、個人の人間性（人格）上の変化への期待というモメントがない。言い換えれば、第一の理念型のように人間への関与が一定の時間幅をもたず、救済の形態が「支給」という、時間幅の一切ない瞬間的なものに限定されているのである。時間幅の狭さは、教育が絡む余地の少なさを結果する。第二の理由は、話を学校教育に限定した場合特に言えることだが、すでに制度としての拡充が飽和状態に達しつつあるこの分野に、集合主義的、抜本改革的アプローチを適用できる余地がわずかしか残されていない点である。たとえば近年の日本を想起しても、教育制度をめぐる改革論議の焦点はほぼ選抜システム（入試制度）の一点に集中している感がある。裏返せば、選抜と区別された教育システム改革の余地はもともと、修学年限の延長や操作ぐらいに限られており、それらは既に全て伸ばせるところまで伸び切ってしまっている。そのためこれ以上手の下しようがないわけだ。こうした二つの理由から、純包摂モデルは、排除克服ツールとしての教育との相性があまり良くない、とさしあたり言えそうである。

　ところがここで少し踏みとどまって考えてみる必要がある。純包摂モデルと教育との関係は、それほど浅くはないのである。第一に、「居ながらにして」という純包摂モデルの理念と教育との齟齬を指摘したが、じつは近年、教育界においてこの距離は急速に縮まっている。単調増加的な発達や成長観に疑義を提示し、子どものありのままの姿を丸ごと肯定することをうたい、そのような場所に学校を近づけようとする「居場所の論理」が力を増してきている。通常の意味での学級への「出席」ではないが、「フリースクール登校」や「保健室・相談室・図書室登校」を出席にカウントするという基準はもはや今日常識に近くなったが、これも「居ながらにしての救済」の一例である。次に、社会政策や社会福祉の領域で進行する「教育化」の動向である。純包摂モデルの中核にあるのは給付であるが、社会保障の本丸であるこの救済手段に近年急速に浸透しつつあるのが「教育の論理」である。これが最も鮮明にあらわれたのが米国で1996年に実施された、TANF（貧困家族への一時的扶助制度 Temporary Assistance for Needy Families）の導入を軸とする社会保障改革である。資格要件さえ満たせば無条件に支給するのでなく、2年間の給付期間後に原則就労を義務づける条件つき給付が旧制度からの大きな変更点だった（佐藤2019）。職業訓練との紐づけをより強化したこうした社会保障形態はワークフェアと呼ばれるが、北欧諸国で実施されたアクティヴェーションにも類似する面がある。一般に米国のそれより「行き届いた」制度とされるが、教育化の深度はさらに増している点を見落とすことができない。

　以上の考察より、社会移動モデル、純包摂モデルの二つの理念型のいずれにおいても、救済のツールとしての教育は、最重要の、もしくは無視できない隠然たる存在として、重視されねばならないと考えられる。


## 3.「練習問題」としてのビジティング・ティーチャー、福祉教員

　筆者はこれまで、教育福祉とか包摂的教育政策・実践などと大括りにされる現象について、一次資料を集め、その歴史像を構築することに関心を持ってきた。その関心の中心は、就学義務制度の拡充・完全化を推し進めていっても

なお残る子どもに焦点を合わせた、個別的対応のための人員配置（米国のビジティング・ティーチャー、日本の福祉教員など）や柔軟な制度的措置（学力等に応じた特別学級編成、夜学の設置）などであった（倉石 2014、2018）。そこでは「学校にこない／こられない子ども」の就学状態を単に（強制力等で）回復することよりも、「こない／こられない」事情の背景を踏まえ、「子どもの立場に配慮した」教育実践や制度の構築が探求されてきた。

　ビジティング・ティーチャーや福祉教員は、教育に深くコミットし深い教育への知見を持ちながらも、あるいはそれ故に、教育実践そのものから一歩引いて、後方から教育支援をおこなった実践者である。興味深いのは、こうした教育福祉労働者の存在が、上記の二つの理念型（社会移動モデル、純包摂モデル）のいずれとも深くかかわっている点である。別言すれば、これら二つの理念型は教育福祉労働者の上で交差し、クロスオーバーし合っているのだ。本書の問題構成になじんでいただく「練習問題」としてここで簡単に触れておきたい。

　ビジティング・ティーチャーならびに福祉教員の配置はまず、教育とのつながりが相対的にうすいとされる、集合主義（社会）的、抜本的改革主義のアプローチ（純包摂モデル）である点が特筆される。いずれもが、理由の不明確な子どもの長期欠席という現象に学校が直面したところが出発点である。そこで「学校にこない／こられない子ども」の就学状態を単に（強制力等で）回復しようとするのでなく、「こない／こられない」事情、さらにその背景にある社会構造的要因の特定をまずおこなった。その上で、それらの要因を可能な限り除去し、就学や通学への道を切りひらこうとした。その中心となったのは子どもをとりまく家庭・地域環境への介入であったが、そこでは「子どもの立場に配慮した」立場から、学校組織や教育実践のあり方もまた変革の要請から免れることはなかった。両者がともに熱心に探求した学校への介入の一つとして、学力等に応じた柔軟な学級編成（特別な学級の編成）が挙げられる。ビジティング・ティーチャー、福祉教員の実践はともに、「子どもを変える」ことを否定するものではなかったが、子ども以上に、子どもを取り巻く環境、すなわち家庭、地域、場合によっては教師や学校組織が変わっていくことを志向していた。この点でかれらの立場は純包摂モデルとの親和性が高いのである。

　またビジティング・ティーチャー、福祉教員双方の設置をうながす背景に、

集合的社会現象があった。前者にとっては世紀転換期の米国における新移民（南東欧をルーツとする農民で、カトリックやユダヤ教など異教徒を多く含んだ）の増大がそれであった。一方福祉教員にとっては、被差別部落出身の小中学生に傾斜した形で長欠不就学現象が発生しているという現実であった（本書第1章参照）。こうした背景から、いずれも個人ベースではなく、社会集団カテゴリーに基づいたアプローチが求められることになった。これもまた、かれらの実践を純包摂モデルの側に近づける性格だったと言える。

　しかしながら、ビジティング・ティーチャーにせよ福祉教員にせよ、教育と福祉の両方に通暁したこれらの人員が被救済者にもたらしたのはあくまで専門的サーヴィスであり、いかなる意味でも資源の「給付」ではなかった。だから完全にそれを純包摂モデルと見なすことは不可能であり、もう一方の足場が第一の理念型（社会移動モデル）にあることに疑いはない。特にビジティング・ティーチャーには、「施与より友情を」と言って憚らなかった前世代の友愛訪問員（フレンドリー・ビジター）が色濃く影響を与えていた。友愛訪問員は後のケースワーカーの原型であり、「科学的方法」に則った個人主義ベースのソーシャルワーク成立の礎石ともなった（倉石2014）。ビジティング・ティーチャーのアプローチには個人主義が鮮明に刻印されている。それゆえ、社会状況を変えるのでなく被救済者個人を「変える」というドライブが彼女らに強く働いたのも無理からぬところである。

## 4. 本書の構成

　本書は六つの章と補章一つから成り立っている。
　第1章では、排除／包摂概念の脱文脈化と再文脈化を試みる。この対概念はもともと、1980年代以降の「貧困問題のリバイバル」という文脈に埋め込まれていた。さまざまな角度からそれを検討し、本書の主題である教育福祉にとっての可能性を明らかにするためには、そうした文脈拘束性からいったん解放されることが必要である。その上でここでは、マイノリティの教育（在日外国人教育、障害児教育、同和教育）という文脈への再埋め込みをはかるなか

で、概念の矯め直しをはかりたい。そこから打ち出される新機軸は包摂と排除の「入れ子構造」論である。簡明に言えばそれは、包摂のなかに排除が、また逆に排除のなかに包摂が宿されているという構造に注目した論である。この論が、同心円的思考を批判的に解体する第一歩であることをこの章で主張する。

　第2章では、「入れ子構造」論だけでは十分に克服されたとは言いがたい同心円モデルの問題点をひき続き考察している。それは一つに、排除が何ゆえに発生したかの探求が同心円モデルでは封じられていることである。先の図で言えば、所与のものとされる位置 a, b はそもそも何ゆえに生じたのだろうか。そして二番目に、同心円モデルでは包摂が排除に対してあくまで外在的な存在として扱われている点である。包摂はまるで白馬の王子のように、排除を克服しにやってくるヒーローの体だが、本当にそうだろうか？　この二つは根っこのところでつながっており、排除と包摂の同時生成という論点に流れ込んでいる。この章ではニクラス・ルーマンの機能システム論に含まれる教育 - 社会理論、特にその「平凡でないマシーン」とその平凡化という独特な教育実践への視角を手がかりに、「入れ子構造」論の一歩先を切りひらくことをめざす。

　第3章は、現在映画監督として高く評価されている梁英姫さんが「ビデオジャーナリスト」として制作にかかわった『揺れる心・在日韓国朝鮮人・二つの名前の間で』というテレビ放送向けの作品を俎上にのせる。それは、在日朝鮮人教育に熱心に取り組む教師の意図、そして「朝鮮学校出身で本名を名のることに迷いがなかった」梁さんの願いと、ある意味ですれちがったままに終わる在日高校生の姿をありのままに映し出している。これは、第2章でルーマンの「平凡でないマシーン」の概念に導かれて提示した、「包摂の一歩手前」の瞬間を映し出した貴重な映像だと考えられる。

　第4章では、同心円モデルの致命的欠陥ともいうべき包摂「される」側の主体性の問題に光をあてる。この章で参照する（G・ビースタに媒介された）J・ランシエールの議論では、そもそも包摂という営為は断じて「される」ものでなく、マイノリティの側が主体的に「する（成す）」ものである。この前提に立ってこの章では、戦後日本において教育をめぐる「必要の政治」が主題化された三つの闘い——教科書無償闘争、障害児の普通学校就学闘争、民族学校卒業者の大学受験資格要求闘争——をとりあげ、主体的営為としての包摂すなわち創

発的包摂について検討する。

　前章でとりあげた教科書無償闘争に関連して、補章でその「意図せざる結果」についてとりあげる。教科書無償配布は、教科書がゆきわたりそれを子どもが毎日家に持ち帰ることを可能にすることで、宿題や家庭学習が成立する条件の確立に寄与した。これを包摂と捉えるならば、そこにはらまれた負の側面（排除）もまたあるはずである。ここでは、教科書無償を軸とする条件整備の進展を解放教育（同和教育）運動のなかに位置づけ、特に宿題というテーマに的をしぼって包摂と排除の交差を明らかにする。

　第5章はリー・ダニエルズ監督が2009年に発表し、インディーズ作品にもかかわらずアカデミー賞ノミネートまで果たしたアメリカ映画の問題作『プレシャス』をとりあげる。舞台は1980年代末のニューヨーク、主人公は黒人街の貧困家庭に暮らす10代の少女。だが彼女はすでに12歳で最初の出産を経験し、いままた二度目の妊娠をしている。学校からは退学を言い渡され、代わりに紹介された代替学校（Alternative School）なるところにとりあえず通い始めるのだが…。あまりに過酷なその境遇に、フィクションと分かっていても目を背けたくなるが、この作品は彼女をとりまく種々のエージェントの大人たちを冷静に映し出してもいる。一歩前進、二歩後退のようにも思える彼女の歩みは、第4章で提示した創発的包摂の概念で解釈できそうだ。ソーシャルワーカーや代替学校教師ら、狭義の「包摂」の主体である周囲の大人たちのかかわりも含めて論じてみたい。

　第6章は、2006年の教育基本法改定が戦後リベラリズム秩序の終焉を告げる象徴的意味をもつとの解釈のもとで、〈包摂と排除〉をめぐる現況を公私融合という視点から眺望しようとするものである。戦後リベラリズム秩序は、教育、養育（福祉）の領域の担い役を、学校、家族というアクターがそれぞれ排他的に独占するものだった。これは一面では公私棲み分け体制であった。他方、21世紀の到来から今日まで続くのは、この棲み分けが崩れた公私融合状況である。すなわち、弱体化によりかつてのように単独で領域を担えなくなった学校と家庭が、互いに他を補助的支え手と期待し寄りかかろうとしている。クロスオーバー型社会とか「新たな公共」が言祝がれる現在だが、一皮むけば共倒れの恐れのあるきわめてリスキーな状況が顔を出している。

終章では、コロナ禍というアクチュアルな状況のもとでわたしたちが直面している思考停止圧力にふれ、それに抗うことが〈包摂と排除〉を考え抜く上でも大切だという点を論じている。

# 第1章
# 包摂と排除の「入れ子構造」論
## ──迷宮に分け入るための一歩

## 1. 本章のはじめに──同心円モデルの何が問題なのか

　包摂と排除という一対のことばはもはや、格差や貧困、不平等、差別といった問題群をかたるさいに欠かせない言葉になっている。これらの用語のルーツは、ヨーロッパにおいて 1980 年代以降、若者の長期にわたる失業や孤立状態の固定化などの「新たな貧困」現象をとらえるために提起された「社会的排除／包摂」論にあると考えられる（Bhalla & Lapeyre2004=2005; 福原 2007; 岩田 2008; 宮本 2013）。この議論は学問の世界で完結するものでなく、はじめから政府関係者をまきこみ、政策立案を志向するものだった。しかしながら、本書のテーマである教育福祉にとっての可能性を明らかにするためには、包摂／排除概念をいったんもとの文脈から切り離し、抽象化した形で検討を加え、教育というフィールドに再文脈化する作業が欠かせない。そこで本章では、豊かな議論の蓄積があるマイノリティ教育（在日外国人教育、障害児教育、同和教育）の領域を参照し、理論や現実に学ぶなかから、包摂／排除論の新機軸をめざしたい。ここで打ち出す包摂と排除の「入れ子構造」論は、序章で論じた同心円モデルを批判的に解体する第一歩ともなると考えている。
　教育社会学を中心としたアカデミズムでは、すでに包摂や排除という視点を援用したすぐれた経験的研究が積み重ねられている（盛満 2011; 林 2014; 保田 2014;志田 2015; 保坂 2017; 佐藤 2019; 久保田 2019）。また、排除しない＝インク

ルーシブな（包摂する）学校づくりをおこなう現場に密着し、共感的にその成果を評価する試みも注目を集めている（乾・中村 2009; 西田 2012; 鈴木 2015; 柏木・仲田 2017; 知念 2018）。こうした動きには強い共感をおぼえるし、その輪がより広がってほしいとの思いを筆者はもっている。しかし本章で考えたいのは、上記の流れとはややことなるベクトルの問題である。

　序章で論じたように、包摂と排除をめぐるわたしたちの思考図式は同心円モデルによって規定され、縛られている。その問題性をどうすれば乗り越えられるだろうか。筆者の考えでは、同心円モデルに潜在し、大きな問題をはらんでいるのはその単線（リニア）的思考図式である。単線的思考図式とは、「排除」現象をアプリオリな所与とし、それへの対処策として事後的に「包摂」の必要性を構成する考え方のことである。そこには二つの秩序が揺るぎないものとして措定されている。かならず「排除」が先で、「包摂」が後にくるという時間的序列、そして「排除」が悪であり「包摂」を善とする価値序列である。この時間秩序と価値秩序の自明性が問いなおされないまま、ただただテクニカルに排除／包摂が論じられていくとき、多くの大事なことが見おとされる危険がある。やや強い言い方をするなら、それは一種の「思考停止」である。そこでは包摂にひそむパターナリスティックな側面やある種の抑圧性が見過ごされがちである。こうした難点を克服する試みとして、本章で包摂と排除の「入れ子構造」論を展開してみたい。

　入れ子構造論とは、シンプルに言えば、包摂のなかに排除が、また逆に排除のなかに包摂が宿されているという認識を骨子とする議論である。特に筆者が関心を寄せるのは包摂と排除にまつわる教育制度・教育事業であるため、本章では制度レベルに的をしぼって「入れ子構造」論を展開していきたい。この構造が鮮明であるのが、「古くからの」マイノリティ問題と目されている在日朝鮮人教育と障害児教育の分野である。ここにはマイノリティが法制度上あからさまに「排除」されているありさまを、手にとるようにみてとれる。しかし話はそこで終わらない。ここから浮かび上がるのは、近代公教育体制における「排除」の輻輳性なのだ。包摂も排除はそれ単独では成立せず、互いに他をともなうことでようやく完結をみる──ここで言いたいのはこういうことである。何？　排除と包摂は互いに他を必要とする、だと？　わけがわからない。だが

ここで投げ出してしまわず、もう少し辛抱しておつきあいねがいたい。その上でさらに話を、制度的差別があからさまではないが、差別や不平等がより深い人びとの社会生活レベルに浸透し、当事者に大きな不利益をもたらしているケースに進めたい。それが部落差別を背景とする長欠不就学問題、そしてそれに対処した高知県の福祉教員制度である。

## 2.　在日朝鮮人教育にみる「入れ子構造」

　1955 年体制、という言葉はどこかできいたことがある人も、1965 年体制ときいてピンとくる人はあまり多くないのではなかろうか。日本と韓国との間に日韓条約がむすばれ、第二次世界大戦後の世界において日本と朝鮮半島との間にまがりなり外交秩序が成立した年が 1965 年であった。その秩序は現在にいたるまで、基本的に変わることなくつづいている。そして、旧植民地の朝鮮半島出身者で日本国内に居住する人びと、すなわち在日朝鮮人（以下、在日とだけ表記する場合あり）の処遇がさだまったのがこの 1965 年である。こちらも、いくらかの微修正をへたものの基本的に現在にまでひきつがれている。

　1965 年も年の瀬の 12 月 28 日、文部次官名で 2 本の通達が出された。たぶんひっそりと、人目をしのぶように出されたであろうこれらの通達文が注目されることはなかった。しかしそれは、40 数年をへたいま現在にまでつながる、日本政府当局の在日朝鮮人教育に関する、唯一といってよい政策表明であった。

　一つが「日本国に居住する大韓民国の法的地位及び待遇に関する日本国と大韓民国との間の協定における教育関係事項の実施について」、あまりに長いタイトルなので以下「通達A」とする。もう一つが「朝鮮人のみを収容する教育施設の取扱いについて」、上に準じて以下「通達B」とする[1]。通達Aは、日本の学校に学ぶ在日朝鮮人の子どもの処遇を定めたものであり、通達Bが朝鮮学校に学ぶ在日朝鮮人の子どもの処遇、と言うより朝鮮学校そのものに日本政府がどう対処するかを述べたものである。当時在日朝鮮人の子どもたちが置かれていた教育状況を考えれば、この 2 本がワンセットとなってはじめて一つの政策として機能するとみるのが妥当であろう。このうち本章では、通達Aの方

をとりあげ、特に「同様の扱い」、そして対の「特別扱い」というキーワードに注目しながら、読み解いていくことにする[2]。

　さて、1965年にスタートした新しい体制にともない、韓国籍の「在日」に日本での永住権が発生した（通達Aの原文には「永住を許可された者」とある）。この永住者のうち日本の小学校・中学校・高等学校にかよう児童生徒の取り扱いについて「遺漏のないようにお取り計らい願」うべく、全国の教育関係機関宛てに発せられたのが通達Aである。そのトピックスをざっと並べてみると、入学、入学手続き、入学すべき学校の指定、入学時健診、授業料無償、教科書無償、就学援助措置（以上、義務制学校段階関係事項）、高校への入学資格、盲学校・ろう学校・養護学校関係の取り扱い、教育課程に関する事項、などである。このうち、はじめの二つをのぞいた全てについて、すなわち入学すべき学校の指定、入学時健診、高校への入学資格、授業料無償、教科書無償、就学援助措置、盲学校・ろう学校・養護学校関係、教育課程の各項目にわたって、「日本人子弟と同様の取り扱いとする」旨が述べられている。少なくとも学校に深く関係する上の事項については在日を日本人と分け隔てなく、差別なく扱うということが述べられている[3]。

　この通達がはらんでいる根本的問題としてくりかえし指摘されてきたのが、外国籍児童生徒を義務教育の対象としておらず、それゆえ就学義務と表裏一体で発生する教育をうける諸権利がうばわれた状態にあることである。通達Aにうたわれた、在日は公立小中学校への入学を「希望」するむね申請し、教育委員会がそれを「認める」という関係からは、日本人に対して保障された、教育をうける権利主体という考えがぬけおちている。そのことは、まずおさえておく必要があるだろう（これを排除1とする）。だがここではその先の議論をしたい。「同様に取り扱う」という頻出フレーズによって表現された、包摂と排除の入り組んだ関係に焦点をあわせたいのだ。義務教育段階における授業料無償や教科書無償は、近代日本の歴史において所与のものだったわけではない。特に教科書無償は、はげしい無償化闘争のすえに民衆がかちとったばかり（65年時点）の権利であった[4]。これらの権利を日本人と同等に享受する存在として在日朝鮮人を位置づけること、これは言葉の正しい意味における「包摂」である。それは、近年援用されることの多いヨーロッパ発の「社会的排除／包摂」

論でいうところの包摂のニュアンスを含んでいる。すなわち包摂されるとは「人が他者とつながり、お互いの存在価値を認め、そこに居るのが当然であると認められ」る関係のなかに組み込まれることである（阿部 2011: 95）。たとえば在日朝鮮人（外国人）の子どもが日本の学校で教科書の無償配布をうけることは、単に教科書代の負担を免除されたという物的、経済的な意味のみならず、学校という場に「居ることが当然の存在」として承認される点で包摂として大きな意味を有している。これは無条件に全員を配布の対象とすることで可能になることであり、たとえば所得制限付きの配布であれば、包摂としての意味はうすれてしまうだろう[5]。なお就学時検診などそれ自体が別の問題をはらんでいるものもあるが、ここではさしあたりこれらすべてを、就学にともない享受することができる権利としておさえ、包摂1と表記しておく。

　だが本題はこれからである。通達文の最後の最後、教育課程に関する事項との小見出しにつづく文章にはこうある。「学校教育法第一条に規定する学校に在籍する永住を許可された者およびそれ以外の朝鮮人教育については、日本人子弟と同様に取り扱うものとし、教育課程の編成・実施について特別の取り扱いをすべきではないこと」。これまで「同様の取り扱い」をくりかえしてきたのが、最後に「同様に取り扱う、つまり特別扱いはしない」といいかえている。この最後のくだりの「同様の扱い」は、それまでのものと同様ではなく、はっきり異質なものということができる。ここでのテーマは教育課程（カリキュラム）、すなわち学校でどういった教材をつかって何をおしえるかにかかわる事項である。日本の公立学校のカリキュラムにおいて在日は、「特別な扱い」の対象とはみなさない、つまり一切の配慮の対象とはしないことが、ここにはっきり宣言されている。朝鮮半島にルーツをもつ者として、自らのルーツの言語や文化、地理や歴史についてまなびたいというニーズがあったとしても、それをいっさい顧みないで、日本の子どもと同じ内容を勉強してもらう、ということだ。

　ここにおける「同様の取り扱い」は、それまでのものと明らかに一線を画している。カリキュラムの項での「同様の扱い」は、在日を配慮の対象としない、結果的に「いないも同然のもの（透明人間）として扱う」ことを含意している（これを排除2とする）。それに対して、授業料無償や教科書無償などの項目に

おける「同様の扱い」においては、在日は決して「透明人間扱い」をされては
いなかった。それぞれの権利を享受する主体として、承認されていたと考えら
れる。

　ここまでの議論を整理してみたい。1965 年文部次官通達は、一般にほとん
ど知られていないが、今日にもつうじる在日朝鮮人教育の枠組をあきらかに
したものとして、きわめて重要なものである。そのうち、日本の公立学校でま
なぶ在日の位置づけを明確化した通達Aを検討することから浮きぼりになった
のは、包摂と排除が輻輳し折りかさなった複雑な構図である。まず、外国籍を
もつ子どもは法制上、就学義務体系の外側におかれることがあきらかにされた
（排除 1）。その上で、義務制学校における授業料無償や教科書無償など、長い
経緯の末に日本人が手にした諸権利については、日本人と同様の享受者である
と位置づけられた（包摂 1）。さらに教育課程について、在日が日本人と異なる
文化的バックグラウンドをもつことは顧みられず、その限りで「いないも同然
の存在」、いわば透明人間として位置づけられた（排除 2）。通達Aの文面はこ
こまでであるが、排除 2 には後日譚があり、これが非常に重要な意味をもって
いる。

　四半世紀がすぎた 1991 年、日韓両政府の間で「1965 年」におけるいくつか
の事項をめぐって協議がおこなわれ、覚書が取りかわされた。そのなかには、
公立学校における在日の子どものための民族学級を課外活動として承認するこ
とが含まれていた[6]。これは包摂 2 と呼ぶにふさわしい事態である。というの
も、通達Aによってオフィシャルに否定された公教育のなかでの民族教育を保
障しようとする運動が、在日朝鮮人・日本人の教育関係者双方の手で、関西
地方を中心に 1970 年代以降活発にすすめられたからである（稲富・中村 2008;
朴 2008）。大阪市など一部の自治体では、その要求が施策として実現され、課
外活動としての民族学級と民族講師の配置として位置づいている[7]。1991 年の
覚書きは、こうした運動の成果を日本政府が追認し、通達Aであきらかにし
た「透明人間化」としての排除 2 を一部、緩和するものであった。また同じ覚
書のなかで、在日が就学の機会を逸しないよう、就学案内を出してよりきめ細
やかなサービスをおこなうことがうたわれた点も見のがせない[8]。これは排除

1への手当てとしての包摂1を、さらにフォロー・アップするものと考えられる。また採用後の身分や待遇は留保しつつ、公立学校の教員採用試験受験資格を在日に認める[9]ことも盛りこまれた（あわせて包摂1Bと表記する）。こうした意味において1965年通達Aは、実質的にはこれらの包摂（包摂2と包摂1B）の実体化による微修正をくわえて今日まで存続してきたといえる。

　これまで、在日朝鮮人教育における排除と包摂とが積み重なった複雑な構造について、1965年通達を手がかりにあきらかにしてきた。しかし関係性を考えるとき、ただ積み重なっているとの指摘だけではものたりない。排除／包摂論の単線（リニア）型の思考をのりこえる視点として、ここで排除と包摂の入れ子構造論を提起したい。ここでいう入れ子構造とは、排除と包摂とを対立的にとらえる代わりに、じつは制度的な排除そのもののなかに最初から（部分的）包摂がプログラミングされているというものである。包摂は排除を克服するべく現われるのでは必ずしもなく、排除を母体として出現する包摂は、逆説的だがそれによって排除をより完全なものとする、というわけだ。通達Aにおいてすでに明文化されていた包摂1は、いわば恩寵的、パターナリスティックなものであり、在日の子どもたちの学校内での「二級市民」的地位を固定化するものであったことは明白である。他方、通達A以後の関係者の努力によって1991年覚書で確認された包摂2（民族教育的内容の課外での容認）や包摂1B（就学案内発給によるサービス向上等）はどうだろうか。排除2の壁はきわめて高く、厚いものだった。かちとられた果実はだから、ごくささやかなものに過ぎない。だからと言って関係者の非力を揶揄するなど論外であって、その果実はかけがえのない貴いものである。だがそのこととは別に、やはり考えずにおれないのが、この排除2の壁は、のちにその一部が人びとの力で壊されることをあらかじめ織りこんでいて、だからこそ高く、厚く築かれたのではないか、ということである。もちろんこの壁は構造的に、一部しか崩れないようにできている。そして一部が崩されること（包摂）によって、壁としての機能がより高次へとたかまる。この場合、カリキュラムの最末端部にほんのわずかな形で在日の民族文化が位置づけられることで、学校内での「二級市民」への固定化が結果的にますます進んでいく。同様に排除1の壁もまた、高くきびしくそびえ立ったままだ。そこに、就学案内の発給というきめ細やかなサービスが包摂として開

始されることで、かえって教育上の無権利状態におかれた立場が見えにくくなり、それに抗いにくくなる。他に、外国人多数在籍校への日本人教員の配置を厚くする教員加配[10]も、これら一連の包摂のラインにつけくわえることができるだろう。

　では次に、障害児教育のフィールドに目を転じることで、排除と包摂の入れ子構造についてさらに検討していきたい。


## 3. 障害児の就学猶予・就学免除制度にみる入れ子構造

　前項でみた外国籍の子どもとならんで、日本の義務教育制に生じた「空白地帯」と目され議論の的となってきたのが、障害児と就学猶予・就学免除制度である。ここではその検討をつうじて、排除と包摂の入れ子構造について、在日朝鮮人教育とは異なる角度から光をあてたい。

　就学猶予・就学免除とは文字通り、本来であれば就学義務がある年齢、すなわち小学 1 年の 6 歳から中学 3 年の 15 歳までの年齢であるにもかかわらず、就学義務が猶予、あるいは免除されることである。のちにみるように近代日本において猶予または免除の主たる対象として想定されていたのは、貧困家庭の子どもと障害をもつ子どもであり、教育制度の発展過程のなかで後者のみに対象がしぼられ、現在にいたっている。

　ところでこの件でよくある誤解は、「学校に行かねばならない義務からの（何らかの程度での）解放」、すなわち「自由の拡大」として就学猶予、免除をうけとる見方である。この誤解の根っ子には、義務教育制度そのものに対する謬見がひそんでいる[11]。義務教育とは、該当年齢の子が学校に通わなくてはならないことを意味するのでなく、子の保護者（親）に対して子どもの就学を保障する義務を課すとともに、政府・行政当局に対しても就学環境を整備、保障する義務、たとえば通学可能な圏内に学校をきちんと建て通学路なども整備する義務、を課すというものである。したがって子どもの側にとって「義務」はじつは義務でなく、実質的には就学する権利、教育をうける権利を結果するというのが、義務教育制度の通釈なのである。だとすれば就学猶予、免除とはとりも

なおさず「自由」の増大ではなく、教育に関する権利の停止ないし剝奪を意味することになる。つまり、就学猶予・免除制度とは、第一義的には政府・行政当局に対して、ある特定の子どもに関しては、就学のための環境をととのえねばならない義務を免除（猶予）する制度のことなのである。いいかえれば就学猶予・免除とは、政府、地方教育委員会から末端の学校現場まで、教育にたずさわる者が声をそろえて、「あなたの居場所は学校のどこにもないから、きてくれるな（くるな！）」と特定の子どもに宣告をくだす所作に他ならない[12]。これを教育制度レベルでの排除と呼ばずして、何と呼ぶのだろうか。

　さて、貧困状態の子どもおよび障害をもつ子どもを対象としてきた、日本の就学猶予・免除制度の歴史的変遷を簡単におってみよう。近代日本の公教育制度のフォーマルな出発点である 1886（明治 19）年の小学校令において、早くも就学猶予にかんする条文がみられるが、そこに就学免除をくわえて枠組がととのうのが 1900（明治 33）年の第三次小学校令である。「瘋癲白痴」または「不具廃疾」の場合は就学免除、「病弱」または「発育不完全」の場合に猶予、と定められている。重度の知的障害または身体障害の場合が就学免除の対象となり、それぞれ軽度の場合は就学猶予となる。また「保護者貧窮」の場合は「前二項に準ず」とされ、猶予または免除の対象となることが明記されている。

　この体制はその後ながくつづくが、太平洋戦争突入を前に戦時総動員体制がひかれた 1941（昭和 16）年制定の国民学校令では、明治以来の対象だった「貧窮」の子どもが消え、就学猶予・免除制度の対象は事実上、障害をもつ子どもだけにしぼられた。そして「瘋癲白痴」または「不具廃疾」は免除、「病弱」または「発育不完全」は猶予、という基本構図に変更はないものの、それぞれについて手続きとして、市町村長が地方長官の認可を受けねばならない旨が定められた。さらに注目するべきは同施行規則において、障害児のための特別の学校または学級を公教育システム内に位置づけることが明言されたことだ[13]。このくだりは、制度上、就学猶予・免除によってかたくなに障害児を排除しつづけてきた日本の公教育が、障害児をうけいれる（包摂する）方向にはじめて舵をきることを意味した。実際には戦争による諸情勢の悪化によってこの点は十分な実現をみなかったが、歴史の皮肉というべきか、この包摂への転換をひ

きついだのは、連合国軍（実質的にはアメリカ軍）が主導した戦後教育改革の
なかで制定された、1947（昭和22）年学校教育法であった。

　1947年に制定され、いくたびかの修正はへつつも2021年現在にいたるまで
有効性をたもちつづけている学校教育法にも、就学猶予・免除をさだめた条項
がある[14]。このことをもって、「民主教育」のかけ声のもと華々しいスタート
をきった学校教育法に、負の遺産とも言うべき就学猶予・免除制度が残存して
いたことの不当性を指摘するのはたやすい。しかしそのことだけをもって、戦
後の新制度を断罪するのは早計に過ぎる。第二十二条に「保護者は、子女の満
6歳に達した日の翌日以後における最初の学年の初から、満12歳に達した日
の属する学年の終わりまで、これを小学校または盲学校、聾学校若しくは養護
学校[15]に就学させる義務を負う」とある（中学校三年間について定めた第三十九
条も同趣旨）。小・中学校と盲学校、聾学校、養護学校とが並列的にあつかわれ、
これらの学校がひとしく義務教育をおこなう機関として位置づけられている点
を見おとしてはならない。戦時下の国民学校令でその萌芽がみられた障害児の
公教育への包摂を、より完全なかたちで制度化することを明確にしたのがこの
条文なのである。

　なおこの学校教育法については、就学猶予・免除規定とならんで、障害児教
育の軽視だとの強い批判をのちにうけるもととなった箇所がある。それは法律
の末尾、施行期日のあとにつけられた但し書きである。「この法律は、昭和22
年4月1日から、これを施行する。但し、第二十二条第一項…に規定する盲学
校、聾学校及び養護学校における就学義務…に関する部分の施行期日は、政令
で、これを定める」。これはつまり、せっかく障害児の包摂を高らかに宣言し
ておきながら、その実施については条件がととのうまで先送りにする、ちょっ
と待っていてくれという話である。条件とは、戦禍によって荒廃のきわみにあ
る経済・社会情勢が立ちなおり、政府にその余力が回復するまで、という意味
である。当時のリアリティにそって考えれば、これは「半永久的先送り」に
ひとしい言いぐさではなかっただろうか。実際には、1979（昭和54）年度から
のいわゆる養護学校義務化によって、32年ごしに約束はいちおう果たされた。
もっともこの義務化は、障害当事者の運動の思想的深化など情勢の大きな変化
により、障害者に排除的異別処遇（榊原2016）を強いる制度として、当初の想

定とは異次元の強い批判によって迎えられることになった（詳しくは本書第4章を参照のこと）。

## 4. 中間考察

前節で追ってきた障害児を対象とする就学猶予・免除制度をめぐる変遷を、排除と包摂の入れ子構造という視点から解釈してみたい。みてきたように戦後の学校教育法体制の最大の特徴、そして明治以来の旧制度との最大のちがいは、障害児をひとまず他の一般の子どもと同様、就学義務制度の対象として位置づけたことである（包摂1）。しかしながら重度の障害をもつなどして、就学に困難をきたす場合には就学猶予・免除制度の適用がある（排除1）。さらに戦後日本の場合には、戦禍による社会荒廃のなかで新教育制度が出発するという歴史的特異性をコンテクストにしていたため、養護学校等の整備の先送り（サボタージュ）により大量の不就学者が発生した（排除2）。その後、遅ればせながら養護学校義務化により障害児の教育機会保障がおこなわれはした（包摂2）。しかしその頃までには、そもそも障害児を一般の子ときりはなして学ばせる、分離・別学体制そのものの差別性（排除2B）への批判が燃えさかり、政府の方針に反して統合教育をおしすすめる動きが各地の現場レベルで活発になった（包摂2B）。

このように現行の学校教育法体制下での障害児の位置づけを概観すると、在日朝鮮人教育の場合のように包摂と排除が重層的に折りかさなり、複雑な構造をなしていることがわかる。ではこちらの場合、包摂と排除はいかなる関係にあるのか。就学猶予・免除制度を核とする障害児教育のかたちは、排除の前提として包摂が先行するケース、別言すれば排除をおこなうにはまず、その対象が包摂されていなければならないことを示すケースであると考えられる。入れ子構造の比喩で言えば、その体内にいくつもの排除の種をやどしたかたちで包摂が存在する構図である。包摂はそれに続く排除をプログラミングしており、排除が発動されることによってようやく包摂は、自らを自己完結させることができる。ここに示唆されるのは、近代公教育システム＝就学義務制度にお

いてその外部（例外）は原理的に存在しえない（存在を許されない）ということと、現実の教育現場には多様な教育ニーズをもつ多様な子どもが存在することとの、埋められないギャップである[16]。ここで近代公教育が近代国民国家と不即不離の関係にあるとの周知の見解を思いおこそう。ちょうど国民国家の統治力が、国境によって画されたその領土内すべてにあまねく均質に及ぶものでなければならないように、近代公教育システムとしての国民教育体制もまた、一人たりともその網からの取りこぼしがあってはならない。もちろん重度の障害があっても、である。また一方、そうであるがゆえに、いったん確定した対象者に対して提供される教育サービス（カリキュラム、授業など）は、同一で画一的でなければならない。現実に存在する子どもたちの多様なニーズや多様性は、顧みられることがない（日本の障害児教育の場合で言えば、単にさまざまなレベルの障害＝特別な教育ニーズをもつだけにとどまらず、たとえば普通学級に通いたい、地域の友だちとつながっていたいといった社会関係レベルのニーズも含まれる）。それらを顧みないことによって、システムの正統性が担保されるしくみになっているのだ。それゆえ、近代公教育システムは幾多の周縁化された存在をうみ、排除が発生しつづけるが、逆説的にもそのことによって、システムの根底にある包摂性（「一人も取りこぼさない…」）はより高次のものとなり、システムそのものの完結性がより高まっていくことになる。

　在日朝鮮人教育の 1965 年通達と障害児教育の就学猶予・免除制度とを、包摂と排除の入れ子構造という視点から検討してみると、両者がちょうど対関係にあることがわかる。前者は排除という大枠のなかに包摂の種が準備され、一定の包摂が進展することで排除がより高度になるという図式であり、後者にあっては逆に包摂のなかに排除の契機がビルトインされており、排除がおこなわれることで包摂がより完全なものになる、という逆説がみられた。しかし対関係にあるばかりでなく、この二つからともに読み取れるのは、包摂と排除をめぐる通念への反証である。それは、包摂と排除とが対立しあう相剋的関係にあるという常識に挑戦し、また自明視されてきた時間的、価値的序列についても再考をせまるものであった。
　また一方が他方に対して、新たな光をなげかけるという面もある。在日朝鮮

人教育について、排除のなかに包摂が胚胎された入れ子構造の存在を、ひとまず指摘した。しかし、障害児をめぐる就学猶予・免除制度について検討する過程でふれた、近代公教育における外部の不在性という論点に照らしてかんがえてみると、在日朝鮮人教育についても別の解釈が可能かもしれない。もしも近代公教育に外部が存在しないのなら、1965 年通達 A によってあらためて、外国籍者として就学義務の枠外に位置づけられた在日の子どもは、厳密には排除の対象となったのではなく、「二級市民」として公教育システム内に取り込まれたという意味で包摂の対象となったと解釈できるかもしれない。

　このように、マイノリティ教育のいくつかのトピックを論じる上では包摂と排除をめぐる通念をカッコに入れて考える必要があることを論証したところで、より現場のリアリティに近い教育実践の次元で、包摂と排除という概念がいかなる説明力を持つかを、次に検討していきたい。

## 5.　「福祉教員」の事例にみる包摂と排除

　ここでは同和教育の事例を、包摂や排除という概念で語り直してみることにしたい。同和教育の場合、前節の障害児や在日朝鮮人（外国人）の場合のように、教育制度レベルの排除現象に焦点化して議論をすすめていくことは困難である [17]。ここでは、高知県の福祉教員の事例を手がかりとして、教育現場の実践レベルに焦点化して排除と包摂について考えていきたい。

　福祉教員とは、敗戦後間もない混乱期における長欠・不就学問題を直接的理由として高知県内の小中学校に配置され、その後 1970 年代にいたるまで、特定の学校に籍を置く教員でありながら校外の家庭・地域の訪問や関係機関との間の調整に奔走することを任務とし、児童・生徒の生活状況と学校教育との間に起こるさまざまな矛盾に対処した教員たちのことである。配置当初から、福祉教員がとりくんだ最大の課題は、同和地区（被差別部落）出身児童生徒における長欠・不就学等の問題であった。こうした経緯から今日、戦後日本における同和教育の原点として、高知県の福祉教員の存在が言及されることがあるほどである（倉石 2018 第 1 部）。またこうした教員や制度がなぜ他でもなく、高

知で花開いたかの考察は本章にとって荷の重いむずかしい課題だが、すくなくとも同時期に奈良県はじめ全国各地で、長欠・不就学問題をとっかかりとして類似のとりくみが推進されていた点はおさえておきたい（赤塚1987）。

　福祉教員の事例は、一地方教育の単なる歴史的エピソードとして片づけてしまうには勿体ないほど、検討するごとにゆたかな発見に満ちている。さしあたりここでは以下の二点を注目点としてあげておきたい。一点目、基本的に同和教育の先駆的担い手として位置づけられる福祉教員であるが、そのカバーする範囲は既存のジャンルを大きく超え出ており、実際には障害児教育も重要テーマとして掲げられ、多くの興味深いとりくみがなされた[18]。福祉教員の制度化がおこなわれた1950（昭和25）年と言えば、学校教育法の附則によって養護学校等の整備先送りが宣言され、盲・ろう教育をのぞけば障害児教育はほぼ就学猶予・免除一色、というのが国全体の大状況だったときであり[19]、その突出ぶりは銘記されてよい。まさしく包摂のフロントランナーだったのである。もう一点は、その持続力、生命力である。誕生のきっかけが社会の荒廃のなかでの新学制（義務教育年限の3年延長）導入という、極限状況と呼んでいいほどの非常事態下で発生した長欠・不就学等の問題であったことから分かるように、福祉教員は当時、あくまで臨時的、緊急避難的措置として想定されていた。にもかかわらず、激変する時代状況に伴走するかのようにその役割を変えながら、20年以上もの長きにわたり制度として存続した。長欠・不就学が「社会問題」として求心力をもった時期はそう長くなかったが、福祉教員制度は息長くつづいた。この点はたいへん興味深い。

## （1）福祉教員がおこなった「包摂」としての実践

　ここでは、福祉教員がになった多岐にわたる活動や実践からそのキモと呼べる部分を抽出して示すことにしたい。注意したい点は、ともすれば配置のきっかけとなった長欠・不就学への対応だけに目がいきがちになるが、上述のように福祉教員の仕事はそれだけにとどまらなかったことである。たしかに学校にいない・こない子どもへのケアは、就学保障あるいは通学支援として、「包摂」の普及したイメージとも合致し、理解しやすい。だがむしろ、実践の広がりを

見すえた全体像をふまえることで、包摂概念の内実をよりゆたかなものとすることがここでのねらいである。

　以下、かなり長文の引用になってしまうが、福祉教員の性質をめぐって書かれた文章の一節を二つ引用する。最初は、制度の設置主体である県教委の同和教育担当者が、福祉教員初年度をふりかえった総括からの引用である。文中「特別教員」とあるのは福祉教員の意味である。

　　　「特別教員の配置されている一七校はすべてこの教育のとくに重視されるべき地域であり…少い定員のなかから工面して目下これだけの学校に特別任務をもつ教員が配置され、同和の実をあげようと努力しておるのであり、これは本年度および将来の同和教育促進への重大な行政的措置として特筆されるべきである。…その一例をあげれば就学児の戸ごとをめぐって家族の状態、経済の様相、その他生活状態の全般を知悉して、不如意の家庭には厚生関係、篤志家等の贈り物を斡旋配布したり、子供の誕生、名付などにまで心をつくして面倒をみたり、あるいは部落会青年会の善導や健全な娯楽の提供に尽くしたりするなど、まったく寝食を忘れて奔走しており、かくして部落民の信望は学校に集中し、文字通り学校は地域文化と生活向上の中心となって、醇風がみなぎり、今夏の例年にない長期の学校休業中も青年団はまるまる 50 日間各部落の寺院や公会堂を利用して、児童生徒の学習をたすけ、先生の認定講習受講期間中をその指導にあたったのである。このような学校と地域との真に一体となるところに同和教育の発展はその健全性がたもたれ…」（高知県教育年報、1951 年版　傍点は倉石による）。

　上記文中の、ポイントと思われる箇所に傍点を付した。学校をコミュニティの中心、文化的拠点とする、教育を地域にしっかりと根づかせることがうたわれている。この点が、福祉教員の驚異的「生命力」を説明する一つの鍵だと考えられる。長欠・不就学から非行、低学力など、ときの耳目をあつめる教育問題は移ろい、とりくみも様変わりしていったが、この点にはぶれがなかったのではないか。

そしてじつは次の引用文も、同じ点を述べている。発表時期は12年の歳月をへたあとであり、発表媒体は教員組合の刊行物、著者は福祉教員を経験した一般教員であるなど、文章の性質には大きなちがいがある。また一方はかなり現実を美化し、成果とおぼしき面を過剰に強調する文体で書かれ、他方は率直を過ぎて露悪的とうけとられかねないほど、あけすけな文体だ。にもかかわらず、この点だけは一致しているのである。

　　　「ボクは、福祉教員は新教育の花形であり、実力者だと考えます。福祉
　　教員は、普通は『縁の下の力持ち』であり『新教育のゴミ箱あさり』で
　　あり『小使い』であると考えられているようですね。…ボクは、福祉教員
　　が、新教育の現場の組織者であり、くわしくは同和教育の推進責任者で
　　あり、教員父母も含めて生徒のカウンセラーであり、非行児補導員である
　　一方、福祉行政のポランチアもしくは、ケースワーカーであり、あるいは、
　　もろもろの補助金、扶助金等の事務取扱者であり、さらには、市町村にお
　　ける青少年問題協議会委員、同和問題審議会委員、隣保館運営審議会委員、
　　社会教育主事（補）、又は県青少年問題調査員として、学校教育以外の社
　　会教育、一般行政にも、直接に、間接に、常時あるいは随時、参与してい
　　る事実に着目する時、あえて、福祉教員は新教育の花形であり、実力者で
　　あると断定せざるをえないわけです。…勿論、福祉教員の活動する地位に
　　は、それぞれの地域的特色もあり、現在なお『縁の下の力持ち』『ゴミ箱
　　あさり』が現実ですが、さきにみたように、一方では、一般行政の中枢に
　　つながる手を持ち、一方では、計り知れない大衆的エネルギーの源泉に
　　しっかりと足をふまえている福祉教員の位置というものは、現在の一般教
　　員校長とは、明らかに違った教育的社会的地位を認められていると思うの
　　です（米倉益「福祉教員落第の辯」『安芸教育』第2集、1963年　傍点倉石）。

文中、補助金、扶助金等の事務取扱者とあるのは、長欠児などの問題の背景に家庭の貧困があるとの認識から、福祉教員の仕事の一つに福祉事務所との折衝や教育扶助の分配という仕事が数えられていたことを指す。それにしても、「縁の下の力持ち」はまだよいとして「ゴミ箱あさり」「小使い」とまで言われ

れば面食らう。福祉教員の仕事のハードワークぶりが感じられる。しかしことの本質はそこにはない。しっかりとした大衆的基盤をもつ一方で行政中枢にも通じ、その実力は校長をしのぐほど、八面六臂の活躍ぶりはまさに「花形」の形容に値する、というのである。立場も発表時期も大きく異なる筆者が期せずして一致して、地域、より具体的には同和地区の人びとにしっかり根づいている点を、福祉教員制度のキモとして強調している。

　この「根づき」を可能にした要因の一つが福祉教員の人選、人事のやり方である。人事については後年、要綱として明文化された際に「福祉教員は当該市町村教育委員会が校長の意見を聞いて任命する」とされたが、ここには往時の特例的な人事のやり方がなごりをとどめている。校長の意見、とは校長の恣意を意味しない。地域の意向をよく斟酌し、誰がその任にあたれば地域の同意や協力もえられ、何とか困難な任務を遂行できるかが熟慮された。初期の頃は被差別部落出身の教員、わけても担当地区を地元とする者があたる場合が多かった。また学歴面においては、当時の教育界の主流である師範学校出身ばかりでなく、青年学校教員養成所の流れをくむ青年師範学校出身者が多く任に就いていた[20]。これには高知県の福祉教員の場合に固有の人脈的な事情も関係しているが、一般論として言えば、教育界の傍流であり、また戦時体制下のノンエリート大衆むけ教育機関である青年学校で、よりきびしい条件下での教育に豊富な経験を有していた点がかなっていたのだろう（詳細は倉石2020）。

　またもう一つ特筆すべきことがある。上の文章の著者である米倉自身は、三年間の福祉教員の任をまっとうした後、勤務する中学校においてはじめて設置された「障害児」特別学級の担当となった[21]。ときは1963年、高知県は言うにおよばず社会全体が、養護学校義務化までの長い「トンネル」のさなかにあった頃である。当時まだ学校現場で十分に使いこなされていなかった個人別判別テストを用いて、精力的にニーズを掘り起こしての学級立ち上げであった。福祉教員の関心が同和地区だけに限定されることなく、部落にくらべてよりあからさまな、教育制度レベルの排除（就学猶予・免除）を受けつづけていた障害児にも向けられ、包摂が模索されていたことをうかがわせるものである。

　移ろいゆく教育状況のなかで、福祉教員が柔軟に現実の課題にとりくめたの

は、コミュニティ（部落）に深くねざすという土台部分に揺らぎがなかったからこそ、と言えるのではないだろうか。換言すれば、コミュニティとの結びつきのなかから現われてきた、喫緊の課題への対処が、ある時期には長欠児に対する出席督励であり、また学業不振児のための特別学級の編成と運営であり、またのちには警察と連携しての非行対策であったり、地域の青年・婦人らを組織しての農業振興へのとりくみであったりと、さまざまな形をとったということだ。教員としての範疇をおおきく超え出た、コミュニティ・ワーカーとしての仕事ぶりとして、安芸市の福祉教員であった川島茂生の事例がユニークである。

詳細は倉石（2018）にゆずるが、1950 年代前半に木材の集積地であった安芸では、山地から切り出された木材を海岸まではこぶのに、馬追と呼ばれた原始的な方法をとっていて、この馬車引き労働に中学校相当の就学年齢の子どもが多数従事し、長欠はじめ問題行動の温床と目されていた。川島の勤務する中学校は同和地区をかかえ、その子どもたちも数多く馬追にたずさわっていた。川島は、児童労働の背後にある貧困を問題視するアプローチはとらず、馬追という因習そのものの廃絶にむけて動き出す。「強力な世論の醸成」をかかげて積極的に問題を訴えるイベントをうち、地元紙にこの問題を頻繁に露出させた。また警察当局はもちろんのこと、雇用主である馬方、廻送店、船主をまきこみ、こうした当事者を一堂に会させて協議し、少年を馬追に使用しないとの合意をとりつけ、問題を大団円にもちこんだ。このような川島の活躍の他に、室戸市上段地区における吉本琓のキュウリ栽培、大方町万行地区における植田文彦のラッキョウ栽培のように、農業の知識をもつ福祉教員によって、部落を不毛の地から解放する試みもおこなわれた。

この時点での被差別部落は、根深い歴史的背景をもつ差別の結果として、人びとの生活は今日の想像を超えるほどの劣位性にあえいでいたと考えられる。そうしたコミュニティに対して真正面から腰をすえ、児童生徒の教育という問題を皮切りとして、非常に多岐におよぶ生活の諸領域にまで関与し、生活の改善・向上につとめた福祉教員の姿は、包摂の概念を矮小なイメージから解き放ち、より大きな文脈においてそれを使うことが可能であることを示唆しているように思える。

## (2) 福祉教員と包摂の置かれた歴史的文脈をめぐる一考察

　前節で福祉教員の持続性をよみとくキーワードとして、コミュニティ（部落）との強いつながりを指摘した。そしてその実践は単に、学校にこない長欠児を連れもどすといった狭義の就学支援にとどまるのではなく、こうした地域との結びつきからそのつど見出される種々の重要課題への専心という次元に、包摂としての教育実践が定位されることを論じた。いま考えたい問題は、福祉教員といえども近代公教育システムのはたらきの外で活動したわけではなく、それどころか見方によってはシステムのエッジ部分を一手にまかされた、最も有能なシステム構成員であったかもしれない、ということである。しかし近代公教育をのりこえるチャンスは、福祉教員の前にほんとうに影も形もなかったのか。こうした問題をかんがえるため、福祉教員の実践がそれだけに尽きるものではないことは承知の上で、やはりここでは長欠・不就学問題へのとりくみに焦点化するのが好都合である。

　高知県を地図で一瞥すればわかるように、その長い海岸線から名高い鰹をはじめ幾多の海の恵みを想像するのはたやすく、また海ぎわまで広大な面積を占めるゆたかな山林、そして耕地面積はさほど広くないがコメ、そして野菜、果物とさまざまな特産品をほこる農業と、豊かな自然を背景とした農林水産の第一次産業がさかんな地域である。こうした第一次産業は、日本人の伝統的な生活リズムをはぐくんできたわけだが、周知のように近代化のなかで国家の手で「上から」設置された近代学校に流れる時間は、こうした日本人の伝統的生活リズムとの間に多大な齟齬をきたすものだった（佐藤 2000）。たとえば、もともとコメ作を基本とする日本の伝統になかった夏休みをもうける一方、授業学期中の農漁繁期について特に配慮のない学校のタイムテーブルは、人びとの生活リズムとの間にずれを生む一方、児童生徒の長欠現象は教育側によって一方的に「ムラの悪弊」「親の無理解」と解釈され、双方は容易に折りあうことができずにいた。唐突な戦後の新学制導入、義務教育年限の三年間もの延長は、こうした亀裂をいっそう深めたにちがいない。しかしその一方このときこそが、日本国憲法・1947 年教育基本法に基礎づけられ、義務から権利への視点転換をとげて再出発した日本の公教育にとって、この齟齬・亀裂とむきあいその克服

に向けた転生を開始する、最大・最良のチャンスでもあった。別言すれば、外部の存在をいっさい許容しない公教育システムの本質とむきあい、そのオルタナティヴを構想する最大のチャンスであった。

　高知県の福祉教員が手にしかけていた「チャンス」もむろん、こうした齟齬・亀裂と無関係であったはずがない。福祉教員が格闘した諸問題の背景には、いまだ学校を中心とする価値秩序が定着しきれず、社会のそこかしこに学校とは異なる価値秩序に基づいた固有の社会文化的世界が、そしてそれに付随して独自の「生活」の論理が、確固として存在する状況があった。しかしながら、福祉教員がとくに密にとりくんだ問題には、明瞭にバイアスがかかっていた。かれらは農山村、漁村の子ども一般の問題にとりくんだのでなく、第一義的には同和地区の子どもたちを対象とした。そこには農村部落、山村部落、漁村部落も数多く含まれていたが、一部には高知市内のように都市部落的な性格をもつ地区も含まれていた。いずれにせよ重要な点は、差別の結果としてこれらの地区の多くが、土地所有や漁業権の制限という形で農・林・漁業という第一次産業の中心部分から疎外され、周縁部に位置づけられていたことである[22]。その剥奪をおぎなうものとして部落産業や独自の生業が発達し、さらに失業対策（失体）事業への慢性的依存といった状況を呈していた。つまりは上記のオルタナティヴな価値そのものから疎外される条件下に、歴史的に置かれてきたのが被差別部落だったわけである。

　むろん、このような状況下で形成された部落に固有の「生活」の論理は、学校に対してまったく順接的ではなかった。職業への移行にとって学校がもつ意味は皆無に等しく、縁故関係やソーシャルネットワークを駆使しての移行が主流であった。しかしこの逆接性はもっぱら部落に固有の、「特殊」な問題として処理されてしまい、認識は広がりを欠いていた。福祉教員がとりくむ課題は、明治の出発点このかた日本の公教育が黙殺し続けてきた、民衆の「生活」の論理との対話という文脈から完全に切り離され、固有の歴史的背景をもつ部落の特殊性に還元されてしまった。つまり、公教育による「包摂」が押し隠し、否定してしまうものへと向けた想像力をはばたかせるチャンスを、すんでのところで逃がしてしまったのである。

　ここまで考えてくると、前段で強調した、福祉教員と同和地区コミュニティ

との強い結びつきは、問題の「特殊」化による文脈の限定という事態と、コインの表裏の関係にあることが分かる。強烈な影響力をほこる福祉教員という具体的人格を通して、部落と学校とがつながりを形成する。そのことが、めざましい関係の改善や結果的に生活の向上をもたらしたことは言うまでもない。しかしこの太い絆は、より大きな文脈で考えると、日本社会における「特殊」としての被差別部落を社会全体に統合していく、もっと言えば国民へと統合していくことに資する絆でもあった。こうした国民統合論の視点からみるならば、いわゆる戦前・戦後連続説、すなわち総力戦体制下で進められた同和教育運動としての融和教育の一部が、戦後の福祉教員の流れへと引き継がれたという見方が、もっと真剣に考慮されてよいように思う[23]。

　高知県における同和教育は、同対審答申、特措法制定という一連の国策樹立の追い風をうけて、1970年代以降も発展を遂げていく。しかしそれまでに社会はいっそう大きな変貌をとげていた。高知県といえども一次産業はもはや頭打ちとなり、オルタナティヴな価値は部落の内外を問わず、急速にリアリティを失ってしまっていた。そうしたなかで多元的な価値世界は一元化され、「教育」の論理が生活の論理そのものと同一視されるようになった。これは、本章で先に「入れ子構造」論として論じた、包摂のなかに種としてまかれていた排除が姿をあらわした事態に対応している。学校文化に順接的でない子どもたちはどんなときでも一定層存在するが、かれらはオルタナティヴな寄る辺がないなか、漂流を余儀なくされる。そうした子どもたちへの「包摂」としての同和教育が、いかにパラドキシカルなものかは論を俟たない。

　最後にもう一度述べておきたい。公教育への包摂が国民統合とは異なる方向へと発展していく可能性、それを思い描くのは日本の現実のなかでは極めて困難である。しかしその一方で、福祉教員がなしとげた仕事の質と量の充実ぶりをみるにつけ、そのポテンシャルが国民統合としての包摂とは異なるベクトルをもつ可能性の夢想を、筆者はなかなかやめることができないでいる。

## 6. 本章のおわりに

　本章ではまず、包摂と排除をめぐる同心円モデルの問題点として、時間的継起性と価値序列性が自明視され、包摂がテクニカルな実践と見なされがちである点を指摘した。その上でその問題点の乗り越えをはかるべく、包摂と排除の「入れ子構造」論を提起した。その有効性を示すため、日本のマイノリティ教育（在日朝鮮人教育、障害児教育、同和教育）を俎上にのせ、個別に検討をおこなった。

　在日朝鮮人教育と障害児教育については、それぞれ 1965 年文部次官通達、就学猶予・免除制度に焦点化しながら、「入れ子構造」論を展開した。どちらの事例についても、包摂と排除を対立的にとらえるのでなく、互いに他の萌芽をやどし、それが成長することで自らも完成に近づくという逆説的構造が見出されることが分かった。また同和教育については長欠・不就学問題を契機とした高知県の福祉教員制度を手がかりに考え、「包摂」が、狭義の就学支援にとどまらず、生活の広範な領域の改善に結びつく広がりのある概念である可能性をよみとった。またその歴史的文脈を考察し、包摂が国民統合の論理に回収されていった点を指摘した。三つのテーマ全体を通して、これまでの排除／包摂論で通念とされていた両者の対立的関係、また時間的、価値的序列関係について、その相対化をはかった。

　ところで本章の隠れた主題は、近代公教育システムにおける外部の不在性という論点である。公教育は、逃げ場のない包摂システムの典型例である。本書冒頭で示した同心円モデルの限界は、この点をすくい取れない点にもある。この点で言えば、包摂のなかにすでに排除が宿されているという「入れ子構造」論もまたミスリーディングかもしれない。なぜなら排除の通俗的イメージのなかに、すでに空間的外部が含意されているからである。このとらわれから解放されるためには、さらなる理論的研鑽が必要になろう。次章以降でひき続き考えていきたい。

# ❖ 註

1　通達文などの引用は宮原（1979）によった。

2　だからと言って、朝鮮学校をあつかった通達Ｂの方が重要でないわけでは毛頭ない。2021 年現在も決着の方向性さえみえない無償化問題をはじめ、朝鮮学校をめぐる幾多の難問の淵源はここにある。また通達Ｂに関して特に注意を促したいのが、1949 年以降の民族学校閉鎖の一連の経緯のなかで生まれた「公立朝鮮人学校」について、その「不正常な状態」が指摘され、原則解消の方向性がしめされたことである。赤塚（1987）によれば、大阪市における「公立朝鮮人学校」・市立本庄中学校西今里分校（いわゆる西今里中学校）は、困難にみちた在日朝鮮人の子どもの長欠・「不就学」問題への解決策を模索するものであったという。その存在が否定されることは、在日の長欠・「不就学」問題を混沌へとおいやることを意味していた。

3　つづけて、「永住を許可された者以外の朝鮮人」すなわち朝鮮籍の「在日」についても、韓国籍の永住者と同様の取り扱いをする、つまり日本人子弟と「同様に取り扱う」とある。

4　詳しくは本書第 4 章における教科書無償闘争の項を参照のこと。第 4 章に引き続く補章でも関連するテーマを扱っている。

5　阿部彩は社会的排除／包摂論の視角に、「資源の不足そのものだけを問題視するのではなく、その資源の不足をきっかけに、徐々に、社会における仕組み・・・から脱落し、人間関係が希薄になり、社会の一員としての存在価値を奪われていくことを問題視する」ことが含まれている点を強調している（阿部 2011: 93）。

6　「日本社会において韓国語等の民族の伝統及び文化を保持したいとの在日韓国人社会の希望を理解し、現在、地方自治体の判断により学校の課外で行われている韓国語や韓国文化等の学習が今後も支障なく行われるよう日本国政府として配慮する。」（日韓法的地位協定に基づく協議の結果に関する覚書、1991 年 1 月 10 日）ところでこの覚書の内容を教育現場におろす通知（各都道府県教育委員会教育長あて文部省初等中等教育局長通知、1991 年 1 月 30 日）には、民族学級等の活動があくまで「課外」であることが念押しされている。

7　厳密に言えば関西（大阪、京都）の民族学級は、70 年代以降に運動の成果としてかちとられていったものと、それより古く 1948 〜 49 年の阪神教育事件をうけて交わされた覚書に基づくものの二種類がある。また 2008 年現在、民族学級は大阪府下の約 180 校、大阪市内だけでみれば 105 校に設置されている（朴 2008: 226）。

8 「日本人と同様の教育機会を確保するため、保護者に対し就学案内を発給すること」（覚書）。直後の文部省初等中等教育局長通知には「公立の義務教育諸学校への入学を希望する在日韓国人がその機会を逸することのないよう」就学案内を出す、とある。希望者にだけ入学を認めるとの枠組は堅持し、教育権の主体であることは否認したまま、より「親切」に扱うというわけだ。これもまさしく、排除をバックにした包摂の一つの形態である。ちなみに就学義務者に対して出されるのは就学案内でなく、「就学通知」である。

9 1991年覚書から20年以上が経過した現在、外国籍教員の数は着実に増加し、教員という側面からも学校の多文化・多民族化が進んでいる（韓・藤川2008）。その一方で管理職任用の問題など課題も残っている。

10 通称外国人加配と呼ばれ、公立義務教育諸学校の学級編成及び教職員定数の標準に関する法律施行令（1969年政令第一一七号による改正）において「日本の国籍を有しない者である児童又は生徒の数のその学校における児童又は生徒の総数に対する割合が百分の十以上である小学校若しくは中学校が存する場合」を教職員定数の算定における特例とさだめたことに端を発する。同時期にさだめられたいわゆる同和加配ともども、この加配枠は現在なくなり、児童生徒支援加配に一元化されている。

11 以下の就学義務制と教育権に関する議論は、基本的に堀尾（1968）の見解に依っている。堀尾が以下に述べているように、教育権が就学義務制に自動的に付随するとかんがえるのは歴史的にも誤りであり、たえざる権利のための闘争の結果かちとられたものと考えるべきである。「19世紀末の、義務制を中心とする教育諸立法は、国家が国民生活のなかに積極的に介入することを期待するものであり、それゆえ、教育立法は社会法の一つであり、福祉行政のあらわれだとみなしえよう。しかし、このことからただちに、社会法は社会権の法的規定であり、教育を受ける権利が社会権として認められたという結論を導くわけにはゆかない。義務制を中心とする教育立法は、国民の権利としての教育の思想の系として、その権利の現実的保障として実現をみたのではなく、むしろそれと対立し、ないしその権利を空洞化する思想にもとづいていた。」（前掲：167-8）

12 脳性まひという障害者の立場から「健全者文明」をはげしく撃つ言葉をのこした横塚晃一は就学猶予・免除制度について次のように述べていた。「いかなる体制の国家…においても国策の最重点に置かれているのは教育であり、その国の進む方向にそってそれを発展させることに奉仕する人間を作っていこうとするものである。…疑似資本主義国家を急いでつくりあげようとするなかで明治23年、義務教育制がしかれた。この時から障害児に対する就学猶予、免除の条項が存在していたことはある意

味でごく当然のことであった」(横塚 2007: 309)。なお引用文中の 1890 (明治 23) 年は、第二次小学校令が出された年である。

13　「国民学校ニ於テハ身体虚弱、精神薄弱其ノ他心身ニ異常アル児童ニシテ特別養護ノ必要アリト認ムルモノノ為ニ学級又ハ学校ヲ編成スルコトヲ得」。引用は文部省 (1978)『特殊教育百年史』による。

14　「保護者が就学させなければならない子女で、病弱、発育不全その他やむを得ない事由のため、就学困難と認められる者の保護者に対しては、市町村立小学校の管理機関は、監督庁の定める規定により、前条第一項に規定する義務を猶予又は免除することができる」。引用は文部省 (1978)『特殊教育百年史』による。なお現行制度で就学猶予・免除は、保護者が願い出て、教育委員会がそれを認めることになっているが、実態はさまざまであり、教育委員会の側から保護者に「就学免除を願い出てはどうか」とすすめるケースもある。

15　改正学校教育法 (平成 18 年法律第八〇号) により、盲学校・聾学校・養護学校は「特別支援学校」に改称された。ただ本論では文脈によって旧称を用いている。

16　以下の近代公教育制度にたいする批判的視点は、持田栄一の論 (持田 1979) に学びながら筆者が独自に構成したものである。持田の議論をどこまで咀嚼できているか心もとないが、ご批判を乞いたい。

17　教育制度レベルでの同和地区に対する差別が、まったく存在しなかったわけではない。歴史的にみれば、事実上の分離教育体制というべき「部落学校」が存在していたし (赤塚 1985)、たとえば今日でも、学区再編をおこなう際の線引きなどにおいて、差別意識をともなうかけひきが展開されることはよく知られている。また盛満弥生は、旧同和教育推進校で実施したエスノグラフィ研究から、貧困層の子どもの問題が「差異を見えなくするための特別扱い」によって不可視化されていくさまを描いている (盛満 2011)。これはポスト特措法時代における、部落の子どもに対する学校の「新しい」排除のかたちを示しているかもしれない。

18　1950 年 5 月 25 日、「児童生徒の福祉増進をはかるを目的とする」ことを掲げて発足した高知県社会福祉教育協議会は、福祉教員をコアメンバーとした教員の全県的な研究交流団体であった。その部会構成は「異常児教育」「就学督励」「同和教育」の三つ (のち「盲ろう児教育」がくわわり四つ) からなっていたが、そのうち異常児教育の部会は「特殊教育研究連盟高知県支部」を兼ねることが部則に明記されており、障害児教育にとりくんでいたことが分かる。

19　就学猶予・免除対象者の数は、1955 (昭和 30) 年時点で 32,630 名であった。1960 (昭和 35) 年で 26,998 名、1965 (昭和 40) 年には 22,383 名と漸減するものの、なお数万

人規模に達していた。数値は酒井（2010）より引用。

20　現地調査をもとに倉石が独自に作成した資料による。

21　この経緯は、米倉からの聞き取りにもとづき倉石（2011）にまとめてある。

22　福祉教員発祥の地である、南国市野中地区における農村社会構造に関する研究に、部落問題研究所（1958）がある。

23　黒川みどりによれば、総力戦体制構築のなかでたしかに「国民一体」が強調され、部落差別は「反国家的」との位置づけがなされたが、他方で一般との線引きを志向する人種主義のベクトルも根強く存在したという（黒川 1999）。同化と異化（本章に則せば包摂と排除）が交錯する複雑な状況は、戦後においても引き継がれたものとかんがえられる。

# 第2章
# ルーマンから学ぶ
# 「包摂その一歩手前」の大切さ
──「平凡でないマシーン」とその平凡化の視座から

## 1. 本章のはじめに

　前章で展開した包摂と排除の「入れ子構造」論のポイントをもう少し洗練された言い方で言い直せば、包摂と排除が相互参照的なものである、ということになろうか。互いが他を予定し内に胚胎しているというのは、お互いが相手を反映し合う（リフレクシブな）関係にあるということである。だがこの論点を持ち出すだけで、同心円モデルへの根本的批判たりえているとは到底思えない。前章の最後に述べたように、同心円モデルの根本問題はその外部の想定にある、というのがわたしの見立てである。

　繰り返しになるがわたしはこれまで、教育福祉とか包摂的教育政策・実践などと大括りにされる現象について、一次資料を集め、その歴史像を構築することに関心をもってきた。その関心の中心は、就学義務制度の拡充・完全化を推し進めていってもなお残る子どもに焦点を合わせた、個別的対応のための人員配置（福祉教員、ビジティング・ティーチャーなど）や柔軟な制度的措置（学力等に応じた特別学級編成、夜学の設置など）であった。だがそうした歴史叙述のなかでわたしは、きわめて不用意に、就学義務制度が自己拡張を遂げていった果てに直面する壁を、教育の《外部》と呼びならわしていた（たとえば倉石 2018）。実際、教育福祉や包摂の過程で直面するのは、差別・排除・貧困といった現実であり、そうした問題により直接さらされる社会集団カテゴリーであった（長

欠不就学問題における部落差別、就学上の無権利におかれた在日外国人、就学免除の対象となる障害児など）。それは、可能な限り特別扱いを避け、人を平準化して取り扱おうとする近代学校が否応なく対峙しなければならなくなった課題である。その苦手な課題への直面を《外部》との対峙と捉えてきたのである。

　同心円モデルの解体をさらに徹底して押し進める際に、ニクラス・ルーマンの社会理論が不可欠なものだとわたしが考える理由の第一は、彼のシステム論が、機能システムとその外部（ルーマンの用語では環境）との関係を考えぬいたものだからである。ルーマンにとって、教育にかぎらずどの機能システムにおいても、包摂というのはあくまでノーマルなシステム作動の一局面にすぎない（ここでの包摂に価値付与的ニュアンスはないことに注意）。さらにその視角には、包摂こそが排除を生むという理論的含意がみてとれる。ここから、ルーマンに依拠することで、同心円的思考図式の問題点とも重なる次の二つの課題の克服が期待できる。一つは従来の歴史叙述が、就学義務制度の根底にあると想定される、平等とか公正といった価値概念に寄りかかり、「約束されているのにまだ完全に実現されていない」（Luhmann 1980 =2011: 155）といったたぐいの目的論的記述しかおこなえない問題点である。第二に、排除の生成が教育システムから切り離され、外在的なものとして前提されているという問題点の克服である。先の序章の図でいえば、所与のものとされる位置a, bはそもそも何ゆえに生じたのだろうか。包摂はまるで白馬の王子のように、排除を克服しにやってくるヒーローの体なのだが、本当にそうだろうか？　この二つの問題点を克服することには、さらに副次的効果がともなう。教育システムが、政治・経済など他の機能システムに起因する諸問題に規定され、ただ受動的にのみ反応するのでなく、システムとして自律性・主導性をもちうるという視点を、歴史叙述に取り込むことが可能となるのである。

　さらにこのルーマンの包摂と排除の相互参照性の論点を、彼の独特な教育実践の捉え方である「平凡でないマシーンの平凡化」の概念に接続させることが本章のねらいである。ひとたびルーマンに学んだ者にとって、包摂のシステム的作動のありさまの記述という課題は、じつは二義的なものに過ぎないのである。もっと肝心なのは、包摂が作動する一歩手前で、「平凡でないマシーン」としての生徒の「非凡さ」に向き合い、それを承認しようとする現場の苦心を

捉えることではないか。このようなルーマン解釈を本章では提示してみたい。

　またそもそもシステム理論の発想が、全体としての社会を構成する一部分として個人を描き出す同心円モデルと、根本的に出発点を異にしている点もおさえておきたい。社会システムと心理システム（としての人間）とは、ともに自己完結性を備えたシステムである点で対等の関係にあり、一方が部分として他方に従属するという関係にはない。同じく、教育システムにとって生徒個々は全体にはまる一つのピースではなく、不透明で厄介な外部環境なのである。この点があらわれたのが彼独特の「平凡でないマシーン」としての生徒という認識なのである。

## 2.　機能分化・包摂／排除・教育システム

　本書の読者のなかにはルーマン独特の用語になじみの薄い方もおられると思う。彼が一群の後期の著作（たとえば『社会の社会』『社会構造とゼマンティク』など）のなかで機能分化社会の特性を叙述する際のキーワードに、包摂と排除[1]を使っていることも意外に知られていない。ルーマンの機能システム論はまた、一種の歴史理論として読むことも可能である。中世までの階層化された社会の後におとずれるのが、政治・宗教・経済・芸術・教育等々、各機能システムが分立した機能システム分化社会である。ルーマンはこの過程を、包摂と排除というキーワードで語っていくのである。その論旨を追ってみよう。

　システムの機能分化が進むにつれ、かつて全人格を包摂していた身分が消滅し、すべての個人はいったん社会から「排除」される――これがルーマン「歴史理論」の出発点である（Luhmann 1989=2013: 138 参照）。そうであるがゆえに――にもかかわらず、ではなく――諸機能システムは誰に対してもオープンな「包摂的」なものでなければならない。法、政治、経済、宗教など主要な機能システムはどれも「包摂を、つまりは誰もが接近しうることを、通常的な事態として扱」（Luhmann　1997=2009: 1139）っており、形式上は関与のチャンスを万人に与えることを定式化している。なぜならば、身分という包摂的世界から排除された諸個人はそこから、各自がそれらの機能システムに参加してキャリ

アを重ね、自己形成を遂げていかねばならないからである。この際重要なのは、誰もがすべての機能システムへの参加のチャンスを与えられ、また関与できねばならないという想定、そして関与のチャンスを利用しないことは個人の責任に帰せられるという点である。

　ここで、ルーマンによる包摂の規定があくまで「人が社会的に顧慮されるチャンス *Chance der sozailen Berücksichtigung von Personen*」が指し示されること（Luhmann 1997:　620=2009: 915-6 イタリックによる強調は倉石）であることの意味がより明確になってくる。この概念規定には、結果的に包摂が不調に終わる事態（社会的に顧慮されないケース＝排除）までもが含意されているのだ。この事態をルーマンは、「個性はもはや立ち位置（身分、地位）によって規定されるのでなく、また包摂によるのでもない。それは排除によって規定されるのである」（Luhmann 1987: 188）と言い表している。ここから一歩進んで、ルーマンにおいて機能システムのなかで教育が特別な位置を占めるものと考えられているという読みを提示してみたい（本章第5節の教育と選別をめぐる議論も参照）。

　興味深いのが、ルーマンが教育システムに固有の包摂原理・包摂メカニズムとして、普遍的就学義務制度の確立を非常に重視していることである（Luhmann 1981=2007: 28 参照）。機能システムの分化にともない、参入規制（包摂／排除の形式）はそれぞれの機能システムに委ねられた。それらは共通して自由と平等という定式を保持していた（Luhmann 1997= 2009: 1398 参照）。だがたとえば経済システムに「誰もが…経済取引に参加できなければならない」（Luhmann 1980=2011: 23）開放性が備わっているのと、教育システムにおける普遍的就学制度の整備とはいささか意味合いが異なる。周知のように後者にはcompulsory（強制的）という語が付され、そこには利用者が必要に応じて出入りするというフレキシビリティの意味合いはない。システムにとってレリバントな者だけが包摂を許される（渡會 2006）点は他の機能システムと同じだが、教育の場合、レリバントであるのは条件でなくそれ自体が強制された義務である点が突出している。

　上述したとおりルーマンにおいて、包摂の一般的含意は排除をも含みこんだ「チャンス」であった。その一方で、教育システムの包摂規制は（少なくとも初

等〜前期中等レベルでは）他にない強制的性格を帯びていた。それは言い換えれば包摂の裏にある排除がいっそう潜行し深部に隠されてしまったということである。この二点を総合して考えると、ルーマンが機能分化社会において教育に、特に重要な位置を与えていたという読みが浮上する。すなわち、政治、経済、法、宗教、道徳といった他の機能システムにおいて、自由や平等という定式化と裏腹に、実際には新たな不平等や不自由（すなわち排除）が日々産出されているという矛盾（複雑性）を一手に引き受ける役目を、教育が負わされたということだ。他システムの限界を引き取り、その機能を補完する役割を負った点にシステムとしての教育の特性をルーマンは見届けた、こう仮定してみよう。すると次に問題なのは、システムとしての自己完結性をもつ教育が、その自律性を保ったまま、どのようにして政治・経済的な諸課題をも引き受けることが可能なのかである。

　ところで蛇足だが、教育が、他システムにおける排除の潜行化を促進したという読みも提示しておきたい。ここで興味深いのが、機能分化の帰結として近代は排除問題を忘却し、まともに取り合うことを放棄したというルーマンの指摘である。機能システムへの個人の参加すなわち包摂は、あくまで「排除なき包摂」として構想されていた。このことは、排除問題が《残余》問題としてのみ注意の目を向けられることを帰結した。排除は「時間にかかわる問題だと見なされ」、その解消のため「一方では弁証法的な…発展に期待が寄せられ…また他方では量的拡大が追い求められる」というのだ（Luhmann 1997=2009: 921）。時間軸に添った発達概念に基礎づけられたカリキュラムをもつ学校教育は、ある意味でものごとの解決を時間に委ねるシステムである。もう一方の量的拡大は、全体の経済的パイが大きくなれば適切な再分配がなされ、やがて排除は解消するというロジックで、やはり時間に解決を委ねている。ルーマンはこれらの原理を時間論理学 Zeitlogik という概念で捉えている。

## 3.　内部転写（re-entry）が可能にする「平凡でないマシーン」の平凡化

　ルーマンシステム論の魅力の一つが、システムとは閉じられたものでありつ

つ開かれたものでもある、という鵺的主張である。この論点が興味深いのは、もし教育システムにおいてもその両義性が妥当するなら、システムとして自律性を保ったままで種々の政治・経済的要請に相応に適応するそのアクロバットにも説明がつくからである。ルーマンにあってこのメカニズムを説明するキー概念が、区別の内部転写（re-entry）である。

　システムは自己完結したもので、他システムの影響を直接に受けることはない。あくまで自己を基盤にして作動を続けていくしかない。しかしその一方でシステムには、外部参照という仕組みが備わっているとルーマンは言う。自身から区別された外部＝環境を（ある種の虚構として）内部に取り込み、それを参照して作動を続けるわけだ。これを可能にする仕組みが内部転写（re-entry）である。内部転写とは、「区別を区別されたもののなかに転写すること、…〈システムと環境の差異〉をシステムのなかに転写すること」である（Luhmann 1995=2007: 120）。これによってシステム内部から眺めた場合、「内部は、「外部」にも開かれた無限の領域として意識される」（大澤 2015: 148）。これが閉じられつつ開かれている、という話のカラクリである。

　わたしのテーマである、就学義務制度の徹底・実質化の一環として起こる包摂事象に即して考えてみよう。長欠不就学問題の背後にある種々の差別や貧困、排除は、現場教師にとって、教育実践に没頭することができる安定した日常構造を危険にさらす潜在的脅威である。むろん、教員の種々の活動を超え、その力の及ばない外部はつねに存在している。しかし安定構造が安泰なかぎり、外部は、実践を遂行する際に考慮すべき「入力変数」に変換され、淡々と処理される。この日常において子どもは、行動の予測可能性が高く制御しやすい「平凡なマシーン」（Luhmann 1987: 192）であることを期待されまたそう扱われている。ところがときとして、外部が、自らの教育実践の存立基盤を掘り崩しかねない規模で立ちはだかり、子どもが理解不可能な「平凡でないマシーン」としての姿をあらわす場合がある[2]。この際にはシステムとして何らかの適応をはからねばならない。

　そこで立ち上がるのが「子どもの置かれた立場に配慮した」教育行為や制度である[3]。ここでは複雑性縮減のために外部が配慮の対象とされるが、他方で危機に瀕したシステム境界の再強化がはかられねばならない。外に開きつつ閉

じるというアクロバットを可能にするのが、内部転写の原理である。実は教育システムが参照するのは外部にある状況ではなく、内部転写によってシステム内に取り込まれたシステム内環境（疑似的な外部）である。これによって教員は、脅威となる外部と実際に接触することを回避し、教員アイデンティティも脅かされることがないまま、教育行為の継続が可能となる。この仕組みを作動させる二分コードが、教育（的）／非教育（的）or 反教育（的）であるとわたしは考える。

　戦後の長欠・不就学問題に対処した福祉教員の場合、部落出身の長欠生徒の親の就労を世話したり、甚だしきは自身が子どもの寝食を保障する行動までみられた（倉石 2018）。これらは、就学あるいは通学というキャリア形成行為の前に横たわる障壁の除去を通じて、行動予測可能性の高い「平凡なマシーン」に子どもを近づけようとするものだった。「平凡でないマシーンの平凡化」（Luhmann 1987: 194; Luhmann 2002=2004: 91-97）である。こうした子どもたちの置かれた状況の非教育性を表すのにしばしば「谷間（の子どもたち）」という表現が使われた（高知県同和教育資料編集委員会 1955, 1957）。表現は何であれ、子どもの背後にある生活状況や社会関係が教育的／非（反）教育的という差異で意味づけ直されることで、教師は、危機のなかで揺らいでいる教育実践者の立ち位置に踏みとどまったまま、自らの教育実践と地続きの関係にある（虚構の）《外部》を参照点とすることができた。当人に即して言えばそれは「教育実践を通じた社会変革」の回路を開くものだった。

　もう一つの例を在日朝鮮人教育の領域から挙げてみよう（倉石 2018 第 2 部）。ここでの焦点は就学義務そのものではないが、潜在的脅威である民族差別の問題がここでも非（反）教育性として、教育システム内部に転写されている。在日高校生の多くは将来展望のなさに苦しみ、それがしばしば「荒れる」行動となって表出する。それに対処するのが「進路を切りひらく実践」である。履歴書からの本籍・国籍欄追放を盛り込んだ「統一応募用紙」の普及で企業の選考の透明化を求めたり、情報開示請求をおこないやすい地方公務員や郵政一般職受験を促すことが精力的に取り組まれた。これらの試みは、在日生徒のキャリア形成行路に横たわる就職差別という不確実性の除去をめざすものだったが、その先に目論まれたのは、将来展望のなさに「荒れ」る在日生徒の行動に予測

可能性を回復させること、「平凡でないマシーンの平凡化」だった。

　もう一点、近年の包摂的実践にみられる焦点のシフトに触れておこう。ルーマンによればシステムにとって環境（外部）は大きく二つに、全体社会システム内の環境としての他の機能システムと、社会の外側にある環境（自然や具体的人間）に分けられる。かつて「立場に配慮した」包摂的実践は、同和教育・在日朝鮮人教育・特殊教育のように社会内環境の複雑性をにらんだものが主流であった。ところが近年それらは衰えをみせ、逆に、子どもの社会的カテゴリーにとらわれず個別的支援をうたう特別ニーズ教育や特別支援教育に取って代わられつつある。これらは社会システムを飛び越えて、ニーズを抱える具体的人間（子ども）にアプローチしようとする。つまり、全体社会システムの外部（環境）にダイレクトに焦点化し、その複雑性の縮減に取り組もうとしている。後者にシフトするにつれ、複雑性縮減に要する労力は一層増すと思われる。それが一部で、ADHD児に対する薬物投与への協力のような、子どもの心身への一層「過激な」介入を引き起こしている。

　以上みてきたような原理で作動する包摂的教育実践は、排除そのものの根絶を企図したものでなく、ただ効果として排除される者を減らすことをともなうに過ぎない。だから包摂的教育実践に参加するもう一方の当事者である生徒との間に深刻な懸隔をひきおこす可能性がある。システム内で生き続ける限り、教師は内部転写された虚像でこと足りるとしても、（たとえば被差別当事者である）生徒の事情はまったく違っている。かれらはやがて近代人として、必要に応じてあらゆる機能システム（のコミュニケーション）に参加しながらキャリアを築いていく。そうした条件を引き受けざるをえないかれらにとって、教育システムを突き抜けた外部を参照点とすることがないまま「配慮を示した」教師のことばは、どこかよそ事のようにしか響かない。

## 4. シティズンシップ・就学義務制度・「市民に非ざる者」の排除

　前節でミクロレベルに焦点化して論じた包摂の作動を、就学義務制度という

マクロな次元に置き換えて再度論じてみたい。前節で用いた「平凡でないマシーンの平凡化」と等価な概念として、ここではシティズンシップ（の引き上げ）という補助線を導入したい。

　これまでもわたしはシティズンシップ概念に注目し就学義務制度を広い歴史的文脈に位置づけてきたが、特にT・H・マーシャルの『シティズンシップと社会的階級』（Marshall 1950=1993）、それをアメリカ社会史に即して発展させた中野耕太郎の仕事（中野 2015, 2019）に依拠してきた（詳しくは本書第4章）。このうちマーシャルの図式が明らかにしたのは、19世紀までのシティズンシップ（市民権）が自由権（身体拘束からの自由）、参政権など形式的に万人に付与されるとするものだったのに対し、20世紀にアジェンダに上ったのが、貧困や疾病といった脅威に脅かされず一定水準の生活を維持することを内実とする社会権（教育権もそこに含まれる）の実質的保障だった、というものである。

　それに対して中野の力点は、「20世紀秩序」の裏面、アメリカで言えば識字テストの導入等による移民受入れ条件の厳格化や、知性や教養の「欠落」を根拠とする特定人種からの選挙権剥奪の正当化といった事象の方にあった。こうした排除事象は、シティズンシップ獲得に失敗した者への「制裁」として正当化され、不可視化されたものである。だからシティズンシップ（市民性）概念には、単に権利の裏側に義務的側面が貼りついていただけにとどまらず、コミュニケーションの円滑化と引き換えに、他者のうちに潜在する「市民に非ざる部分」すなわち不透明性や複雑性を抹消し、無害化をはかる権力作用が潜んでいたということができる。この作用は、前節でみた、包摂の「平凡でないマシーンの平凡化」とパラレルな働きである。

　ところで周知のように就学義務制度は各国政府によって単に全国民を対象に敷かれただけではない。それが教育年限の**引き上げ**という形で絶え間ない拡張・長期化の一途をたどったこともまた万国共通にみられる現象であった[4]。それは一面では無償で普通教育が受けられる権利の拡大（長期化）として認識されるが、他面では市民として社会に包摂されるための水準の引き上げを意味した。そしてそこには、その引き上げに耐ええない者すなわち市民に非ざる者の排除も「正当なもの」として含みこまれていた。まさに「包摂が存在するのは、排除が可能である場合のみ」（Luhmann 1997= 2009: 916）なのである。

絶え間なく続いたシティズンシップ要求水準の引き上げは、必ずしも「上から」民衆に押し付けられたものばかりとは言えない。むしろ労働階級のような、社会の相対的弱者の側から要求され、実現されていった面もある（岩下・三時・倉石・姉川 2020）。ここでルーマン理論を踏まえて言えば、義務教育の年限延長としての教育拡張は、自律した教育システムのオートポイエーシス（自己塑成）の作動なのである。年限延長の決定には政治的手続きが必要だが、実質的な意志決定は、政治よりは教育システムに内属する機関、近代日本の例でいえば教育審議会（1937 年）、教育刷新委員会（1946 年）等の場での、教育的反省に基づく自己参照を踏まえてなされたものであった。オートポイエーシスの作動だと考える所以である。

## 5. 〈差別＝選別の教育〉という言説の陥穽

　包摂的教育実践にとって、選別（Selektion）の問題は喉に刺さった小骨のごとく忌み嫌われるテーマである（苅谷 1995）。日本の文脈で「教育と選別」を議論の俎上にのせるとどうしても受験・入学者選抜問題に引きずられてしまい、各位がヒートアップしてしまいがちである。だがルーマン教育システム論での「軽やかな」選別の論じ方には学ぶべきものがある。

　先にルーマンの機能システム分化論の概略を述べたところで、彼が教育システムに特別な位置を与えているという読みを提示した。しかしルーマンはこうも言っている。身分や出自による社会統合からキャリアによる社会統合への移行は、「教育学者や改革論者がそれに力を貸すべく尽力したことは事実だとしても、教育システムによって惹起されたものではなかった」。その流れが決定的になったのは「社会というシステムが機能的分化を優越させるものへと切り替わったからである」（Luhmann 2002=2004: 83）。そして個人が順調にキャリアを重ねられるか否かは、包摂と排除をめぐる「個々の機能システムの規準に委ねられる」（前掲: 84）。システムごとに選別の規準が異なるのだから、仮に教育システムの選別を突破したとしても、同じ者が経済システムでも順調に勝ち抜く保障はどこにもない。逆も然りである。この両者の違いとして、教育シス

テムの選別には「数の限定ということがない」点が、就職ポストの口に限りが
ある後者と大きく異なっているというルーマンの指摘は重要である（前掲: 84）。
学校の「入口」での選抜イメージに縛られがちな身には「選別には数の限定が
ない」という議論は理解しがたいかもしれない。だがルーマンによれば選別
とは「より良い／より劣る」の二値コードによる判断のことである（前掲: 87）。
すなわち彼の論旨では、教育システムにおける選別の本質はあくまで資格認定
（学歴付与）にあるのだ。この点を踏まえれば「数の限定がない」という議論
も納得しやすい。

　その機能システム論の趣旨にてらして、ルーマンは選別をあくまで禁欲的に、
教育システム内だけの問題に位置づけようとする。選別とは教育システムに
とって何なのかが種々に論じられているが、そのなかでも次の指摘はうっとり
するほど魅惑的だ。

　　選別の結果は記録され、システムの記憶を形成する。そのおかげで、他
　のことを忘れることができるのだ。心配や不安といった心的状態がすべて
　忘れられるばかりでなく、格別の記録がない限り、成績として残されてい
　る成果がどんな知識と能力によって得られたかも、忘れられる（前掲: 79）。
　　システムの記憶にとってきわめて特徴的なのは、忘れるという成果であ
　る。それは、思い出すという成果よりも重要なのだ。成績の記憶について
　言えば、起こったことすべてを生徒の人格に還元し、人格の一体性と共に
　将来に持ち込むという自然的なやり方が退けられ、少なくとも弱められる
　ということだ。人格は、別の人格になる可能性を得る。…システムは、こ
　のように形式化された記憶を介して変化の力を発揮させる。これに対して、
　人格と関連づけられた記憶に依存するシステムは、人格をその過去と同一
　視し、「できない生徒」をそういう質のものとしてとらえる（前掲: 79-80）。

　基本的に試験を手法として用いた学校での選別は、記憶（記録）でなく忘却
を本質とする。それによって生徒には、「別の人格になる可能性」が担保され
る――。この指摘は二様に解釈可能だと考えられる。一つは既に述べたことで
あるが、教育システム内で悪い評点を付けられたり不合格の烙印を押されたり

したとしても、ひとたびそこを離れて別の機能システムに関与する段になった際に、先に押された烙印がただちにネガティブに作用することはないという点である。もう一つの解釈は、先の「平凡でないマシーン」としての生徒という論点と接続させた解釈であるが、教育システム内での"生き方"にかかわるものである。ここでいう別人格になる可能性とは、「平凡でないマシーンの平凡化」という学校固有の働きからある程度の距離をおく余地を、生徒に与えることではないか。ルーマンによれば人格とはそもそも「複雑性を縮減済みの一つの形式」（劉 2018: 81）であり、それ自体が平凡化作用の産物なのである。しかしシステム記憶の忘却機能により生徒には、校種・学年・学級・学期・教科・担当教師などが代わるたび、リセットのチャンスが与えられる。これによって、いちど失敗でつまずいた位では「平凡でなさ」が棄損されることなく、学校生活をサバイブすることが可能となる。

　ここで話を日本に戻すと、苅谷剛彦が指摘したように、戦後日本の教育運動が意図的に教育と選別を対立させ、前者の機能についてその「本来性」を強調し称揚する一方で後者についてはそのネガティブな面だけをクローズアップして批判し、外在的なもの（政府与党、財界、等々）に還元してきたことは、不幸な事態だったと言わねばならない。教育と選別は機能システムとしての教育の車の両輪である。一方のみ重視し他方を軽視することは、決して生産的な結果を生まない。包摂的実践を探求する立場からはややもすれば短絡的に、選別を差別・抑圧・管理の根源として指弾する議論が聞かれる。しかし、教育機能に「平凡でないマシーン」を平凡化する作用をみる一方で、選別機能にはそれを緩和するはたらきがあるとするルーマンの指摘は、単純な二項対立による思考停止からわたしたちを救い出してくれるだろう。

　ところで近年の傾向として、子どもの貧困対策において学力向上をめざす学習支援事業に過度に比重が置かれている点が指摘されている（たとえば桜井 2017）。この動向は一見すると、包摂的実践における「選別」という主題の復権のように映ずる。しかし問題なしとしない。学習支援事業の背後にある仮説は、低学力状態の解消により貧困の連鎖を断ち切ることが可能とするものである。しかしながら学力向上により教育システム内での包摂可能性を高めても、それはその後の経済システムでの包摂に直結しない。機能システムの分化とい

う趨勢から目をそらし、システム間の再融合化に期待するという勝算にとぼし
い賭けがそこにはみて取れるのである。さらにルーマンの視角から、学習支援
事業が貧困層出身の生徒に特化した事業として進められていることが意図せず
して招く副作用も明らかになる。教育システムにおける選別の重要な特徴は
「出自の無力化」（Luhmann 2002=2004: 79）にある。その一方でこの種の支援事
業は、たとえ貧困層出身生徒の利益の向上に資するという「善意」をもとにし
たとしても、選別のなかに出自原理を再度もちこみ、再有徴化という事態を呼
び起こすおそれがある[5]。支援事業をその内部に完全に組み込んだ教育システ
ムは、「人格と関連づけられた記憶に依存するシステム」へと変貌しているよ
うに思われる。


## 6.　スーパーコードとしての包摂／排除

　このあたりでルーマンが、現代的な貧困問題すなわち社会的排除の現象を
自らの理論体系にどう位置付けているかを概観しておこう。ルーマンの現代
的課題への関心をあらわすのが、包摂／排除を現代世界のメタ差異（Luhmann
1997=2009）あるいはスーパーコード（Luhmann 2005=2007）と位置づけ重視す
る議論である。
　以下にその点を論じたルーマンの言葉を引用しよう。


　　包摂／排除という変数が地球上の相当の地域において、メタ差異の役割
　を引き受け、諸機能システムのコードを媒介しようとし始めているのでは
　ないか、と。合法と不法の区別がそもそも機能しているのかどうか、また
　この区別が法システム内部のプログラムにしたがって処理されているのか
　どうか。それらはまず第一に、先行して行われている包摂／排除による
　フィルタリング次第なのである（Luhmann 1997=2009: 928）。
　　社会の第一次的な分化がインクルージョンかエクスクルージョンかにな
　り、諸個人はそのいずれかに属する（Luhmann 1995=2007: 234）。
　　社会は（緩やかな統合を伴う）インクルージョンと、（緊密な統合を伴う）

エクスクルージョンの区別によって「スーパーコード化」されている（前掲：233）。

　エクスクルージョン領域［では］社会は高度に統合されている。高度の統合というわけは、或る機能システムからの排除がいわば自動的に、別の各機能システムからの排除をもたらすからである（前掲：232）。

　これまで再三論じてきたように、全体社会システムが機能分化するとともに、包摂と排除の関係の規制は各機能システムに移っていく。したがって、特定の人間の上に排除が集中して生じる「排除の連鎖現象」は理論上起こりえないはずである。しかしそれが現実にヨーロッパ各国で発生してしまった。ルーマンはこの「例外事態」の発生を、「あらゆる機能システムを結びつける斜めの線」の存在として記述する。

　　あらゆる機能システムを結びつける斜めの線が引かれることになる。排除は包摂よりもはるかに強い統合をもたらす。ここでの「統合」は、先に定義したとおり「選択の自由度の制限」という意味で理解しておきたい。したがって全体社会は、階層化の時代とは正反対に、上層よりも下層においてより強く統合されているのである。この全体社会が自由度を放棄しうるのは≪下層≫においてのみである。それに対して秩序のほうは不統合に、諸機能システムの脱カップリングに基づいている。おそらくはまたその理由ゆえに階層はもはや全体社会の秩序に関しては何も述べてくれなくなっているのだろう（Luhmann 1997=2009: 928）。

　この事態をルーマンは「全体社会の負の統合」の発生（Luhmann 1997=2009: 926）とも言い換えている。それは「機能分化が現実化されえていない、あるいはせいぜいのところ、包摂されている一部の人びとにとってしか現実化されえていない」（Luhmann 2000=2013: 580）事態であり、ルーマン社会理論の根幹である機能分化が果たされない、まさに異常にして例外的なことがらなのである。メタとかスーパーという形容はそのあらわれと言えよう。

　しかし現実にはこの「例外事態」が常態化したまま今日に至っている。ルー

マンは解決策について、排除問題の解決を個々の機能システム内部に求めるのは無理であり、「機能分化から帰結する排除を扱う新たな、二次的な機能システムが形成されることを当てにすべき」（Luhmann 1997=2009: 930）とだけ述べ、多くを語らなかった。少なくともルーマンの発想が、現在の日本の「チーム学校」構想にあらわれているような異種システム間での連携、すなわちシステムの再統合によって貧困や社会的排除の克服をおこなおうとするビジョンと真逆の方向を向いていることを銘記しておこう。

## 7.　本章のおわりに

　ルーマンに示唆をえて展開してきたここまでの議論は、序章で示した包摂と排除の同心円モデルという「常識」を完膚なきまでに打ち砕くものであった。包摂と排除の相互参照性（互いに他を予定し合っている）はルーマンの議論の出発点に過ぎなかった。すなわち「入れ子構造」論が強調したような、包摂のなかに排除が宿されている（そしてその逆もまた真）というテーゼから二歩も三歩も歩みを進めている。

　まず同心円モデルの難点であった《外部》問題が、ルーマンの内部転写（re-entry）概念によって解決がはかられた。システムはそれ自体完結したものであり、他システムの影響を受けない自律性をそれぞれが担保している。しかし同時に、システムは内部転写の原理によって、必要に応じて外部環境を参照して自らの内にとりこむことができる。教育システムが、生徒たちのバックグラウンドの家庭事情や階級・階層・民族文化などに配慮し、教育のあり方を調整することは、この内部転写を活用したものである。つまりいわゆる包摂は内部転写原理によって作動するのである。そしてこの作動の背後には、かつて教育現場の秩序を成り立たせていた、生徒の行動予測可能性の前提が通用しなくなることへの危機感があった。すなわち「平凡なマシーン」という前提が崩れ、「平凡でないマシーン」という人間存在の地金があらわになる事態である。内部転写を活用した包摂の作動は、地金があらわれた生徒を再び平凡化しようとする企てとしてとらえることが可能である。

以上の議論によって、同心円モデルに基礎づけられてきた《教育における排除－包摂》という問題機制は、大幅に書き換えられることになる。以下にその要点を箇条書きで示すことにしたい。

①排除への解決として包摂が立ち現れる（有効である）という発想と決別せねばならない。

　それは「包摂が存在するのは、排除が可能である場合のみ」だからである。しかし排除は包摂という「図」に張り付いた「地」のようなもので、機能分化社会の下で排除という問題が注目をあつめることはめったになく、せいぜいが「残余問題」としてしか注意の対象とならない。排除問題の告発を、たとえば自由や平等といった普遍的人権概念に依拠しておこなうのは困難であり、むしろそれによって隠蔽される可能性の方が高い。

②包摂と排除の関係は糾える縄の如きものであり、包摂的実践の担い手を英雄化したり美化したりする記述は慎むべきである。記述の重点は、包摂の作動そのものに置くべきである。

　就学義務制度における排除は、「包摂として」起こる。言い換えれば、就学義務制度の《排除》性が露呈するのは、その徹底・実質化の途上においてである。それは個々の実践者や教育管理者の意思や意図を超えて起こるものであり、関係者や為政者の思想信条を詳細に記述してもあまりその解明に資さない。むしろ教育システムがどのように内部参照（正確には内部に転写された外部の参照）をおこない、自己塑成的に包摂を作動させていくかの緻密な記述に力をそそぐべきである。

③学校現場で日々経験される制御できないままならなさ（「平凡でないマシーン」経験）を、楽しみつつ引き受ける感性を持ち合わせた知られざる実践者の姿を、歴史の埋没からすくい出し光をあてねばならない。

　この項が本章でもっとも言いたかったことである。子どもも教師も含め人間存在はがんらい、自照性を備えた「平凡でないマシーン」であり、平凡化の装置である学校の日常を突き破りその側面が露呈する契機は日々存在している。

包摂はそうした事態が大規模に発生した際にとられる組織的作動だが、包摂の
作動にいたる一歩手前に、こうしたままならなさとの和解が現場レベルで達成
される場合も数多いことだろう。武田泰淳風（武田 1943）に言うならば、未然
に終わった「包摂」を歴史の闇から拾い出し、その陰に存在した人びとの行動
や思いを現代に復活させることの方が、これ以上、歴史化され記録として残さ
れた包摂に固執しつづけるより、わたしには興味がある。次章では、その境地
に迫ったドキュメンタリー映画の解読をおこなっていきたい。

# ❖註

1　原語は Inklusion と Exklusion。前者について石戸教嗣は「組み入れ」という訳語をあてている（石戸 2003: 16）。また特に重要な先行研究として佐藤（2004）、渡會（2006）、後藤（2012）、北村（2015）を参照した。

2　平凡なマシーンとは「一定のインプットに基づき、備わっている機能のおかげで一定のアウトプットを生み出すマシーン」である。それに対して平凡でないマシーンとは「自分に備わっている自照性のおかげで作動する」ものである。後者は「予見不可能」で「信頼性に欠ける」（Luhmann 2002=204: 92）。

3　子どもの立場に配慮を示した教育行為は、2章4節で述べるように包摂でありまた同時に排除としても立ち現れる。たとえば1872年発布の「学制」は「邑（むら）に不学の戸なく」と言いながら、その同じ口で、地域の事情により女児小学、村落小学、貧人小学等々の設置を促していた。これを二級市民としての「女児」「村落民≒部落民」「貧人」への排除通告ととることもできるが、ルーマン的に言えばそれらは顧慮されるべき立場として言及されているのだから、むしろ「包摂」されているということにもなる（岩下・三時・倉石・姉川 2020: 228）。

4　教育拡張の経緯を日本教育史のなかに簡単にたどれば次のようになる（倉石 2020 も参照）。1872（明治5）年の学制頒布以来、地域実情に応じてという美名のもと、被差別部落の子や貧困層向けの「簡易科」という形で日本の公教育には就学年数に不均等が生じていた。それが1900（明治33）年第三次小学校令をもってようやく4年間に統一をみる。1907（明治40）年にそれが一律に6年間に引き上げられた。さらに1939（昭和14）年、男子のみという限定つきでだが青年学校義務化が実現する。どの中等教育機関にも収容されない主としてノンエリート青年を対象とするこの義務教育年限延長は、パートタイムの学校とはいえ従来の6年間から一気に13年（普通科2年、本科5年）間に期間を延長するものだった。さらに戦時中には初等教育年限の8年間への延長も決議されていた。そして敗戦後の新学制で青年学校は廃止される一方、新制中学校の誕生で一律の9年間義務制が実施されたのである。

5　子どもの貧困対策と生徒の負のアイデンティティ形成との相関については、長澤（2021）が興味深い議論を展開している。

# 第3章

# 「包摂の一歩手前」を可視化した 貴重な記録

## ——在日朝鮮人高校生を描いたあるビデオドキュメンタリーから

## 1. 本章のはじめに

　この章は、現在映画監督として高く評価されている梁英姫さんが「ビデオ
ジャーナリスト」として制作にかかわった、公立高校の在日朝鮮人生徒にとっ
ての名前の問題をテーマとするテレビ放送向けの作品を俎上にのせる。それは、
在日朝鮮人教育に熱心に取り組む教師の意図、そして「朝鮮学校出身で本名を
名のることに迷いがなかった」梁さんの願いと、ある意味ですれちがったまま
に終わる生徒の姿をありのままに映し出している。この表象は、ルーマンが提
起した「平凡でないマシーン」としての生徒という論点を考える上で非常に示
唆的である。そこで本章ではこの作品の解読を詳細に試みたい。

　梁さんが制作にかかわったドキュメンタリー作品『揺れる心・在日韓国朝鮮
人・二つの名前の間で』(1996 年 4 月 18 日、NHK 教育テレビ(当時)で放映)は、
マイノリティ問題の社会的表象としてそれ自体、大変興味深い素材である。そ
れは、日本社会がこの種の社会問題を語ろうとする際に発動する、〈おびえ〉
のメカニズムとも言うべきものを浮き彫りにしたものである。〈おびえ〉とは、
特定の社会問題(この場合は在日朝鮮人問題・教育問題)を一見深刻なものと見
なしながら、その実自身と問題とのかかわりを切断し、問題そのものを放置
するスタンスのことをいう。この作品にあらわれた〈おびえ〉のメカニズムは、
前章までの包摂・排除論とどのように関連するだろうか。包摂が「平凡でない

マシーン」の平凡化の企てであるというのが、われわれが共有するルーマンの見立てであった。それを踏まえれば、〈おびえ〉とは、「平凡でないマシーン」のままならなさに直面したときに惹起される集合感情だと言えるのではないだろうか。おびえは思考停止に直結する危うさがあり、批判的に捉える必要がある。しかしその反面、包摂の作動に至る一歩手前でのままならなさとの和解の達成につながる肯定的な面も含んでいると思われる。

## 2. この作品とわたし自身、あるいは本章の叙述法

　在日朝鮮人問題を扱った映像資料や作品は、啓発的なものから娯楽ものまでかなりの数が蓄積されているが、そうした中にあってこの作品の異色性は、梁英姫さんという若い在日朝鮮人の「ビデオジャーナリスト」が自らカメラを持って高校生を取材するのでありながら、そうした梁さんの姿を、さらに別のカメラが撮っているという二重構造にある。作品の解読においてはこの二重構造、とりわけ梁さんを捉え全体を俯瞰する位置にある「第二のカメラ」の視線に細心の注意を払いながら進めていきたい。次に興味深いのは、取材者と取材対象とのかかわりが作品のなかに「映り込ん」でいる点である。ここで取材対象とかかわって自ら作品に「映り込ん」でいるのがもっぱら第一の取材者、すなわち梁さんに限られ、「第二のカメラ」の持ち手は透明化されている点が、のちに大きな論点となる。

　ところで、この作品が製作の途上にあった時期から電波に乗って流通した時期（1995 ～ 1997 年ごろ）、わたしはこの作品の舞台とそう遠くないところで、扱われているテーマに非常に近い問題に自分なりに関心を寄せ、フィールド調査をおこなっていた。そのなかでこの作品を何度か繰り返しみる機会があった。作品に登場する人物、あるいはそれをよく知る人びとと、数多く集中的に出会ったのもこの時期だった。同じ舞台で、似たようなテーマを抱えながら、この時期に筆者はこの作品とすれ違っていたのである。

　さらに言えば作品の舞台となった街はわたしの生まれ故郷でもあり、9 歳半までを過ごし、多くの親類がなお付近に居住し、今も強い愛着を持っている

土地である。わたし自身は小学校半ばでこの地を離れ関東地方で育ったが、も
しあのまま地元で中学・高校まで進んでいれば自分はどうなっていただろうか、
この作品への見方はおそらく相当異なるだろう、そもそも今のように在日朝鮮
人問題に首を突っ込んでいたかどうかも分からない…そんな思いが、この作品
を前に交差するのである。何より、この作品にはもう一人の自分、あのまま関
西に住み続けていたときの自分が描きこまれている、という思いがどうしても
消えないのである。

　以上のような理由から本章では、単に作品分析を提示するのでなく、ときど
きにわたしが置かれていた状況・問題との絡み方をそこにクロスオーバーさせ
るような叙述法を採用する。読み手に必要以上の負担を強いるかもしれないが、
こうした叙述によらなければこの作品を論じることはできない。

## 3. 作品のオープニング——誰が至高のナレーターなのか？

　以下で順次作品分析にとりかかっていくが、その際に基本資料となるトラン
スクリプトのフォーマットを、本章の分析視点とからめて説明しておきたい。
ここでは、四つの観点を平行させる形で作品を解読していくが、それぞれ進
行表のＡ、Ｂ、Ｃ、Ｄのカラムに対応している。第一の観点は梁さんのナレー
ション（カラムＡ）である。これは作品分析的には、第一の取材者である梁さ
んが自作を俯瞰し統御しようとする営みと位置づけることができる。第二は梁
さんが作中で発するセリフである（カラムＢ）。これが重要なのは、まず、取
材者と取材対象とのかかわりの作品への「映り込み」方を明らかにするためで
ある。カメラを抱えた梁さんがその場で取材対象との間でおこなったやり取り
は、厳密に言えば映像のなかに「映り込ん」ではいない。カメラは対象に向
けられたままなので、記録されているのは梁さんが発した音声のみである。以
下この意味で「映り込み」という用語を用いる。しかしカラムＢに入るのは、
この種のデータだけではない。第二のカメラが捉えた、梁さんと取材対象との
かかわりもここに該当する。ここでは厳密に言えば取材者と取材対象とは交渉
を持っていない。なぜなら第二のカメラの前では、梁さんもまた、高校生たち
と同じく「取材対象」であるからだ。第三は、編集上加えられた字幕、効果音

（BGM など）を検討する観点である（カラムC）。そして最後が、作品に映り込んだ取材対象が発する声や動きである（カラムD）。通常、作品の内容と言えばまずこの D に分類されたものが考えられるが、ここでの分析においては必ずしも中心的ではない。なお作品の尺は 30 分間と、テレビ放送の枠に合わせてコンパクトになっている。全部で 17 の場面から構成されており、それぞれの所要時間および内容の概略は別表に掲げたとおりである（表中 hhhh は笑いを表す記号である）。

　さてまずここでは、作品のなかで梁さんが実際に取材を開始する前に置かれた三つの場面をフォーマットに沿って検討する。通常の見方では単なる導入部としてやり過ごされるところであるが、じつは作品全体の帰趨を決めるようなポリティクスを、この冒頭三場面から読み取ることができる。まず場面 1 は、番組シリーズのタイトルバックが出てから、本作品のタイトル「揺れる心・在日韓国朝鮮人・二つの名前の間で」が出るまでの文字通りプロローグの部分で

| A　梁さんナレーション | B　梁さんセリフ | C　効果音／字幕 | D　登場人物セリフ |
|---|---|---|---|
| | | タイトルバック「共に生きる明日」<br>BGM | |
| 【場面 1. 卒業式のシーン（15. と同じ）】 | | | |
| 高校卒業の日、李キョンジャさんは、民族衣装であるチマチョゴリを身にまとっていました。<br><br><br>半年前まで、在日韓国人であることを隠し、中村慶子という通名、日本式の名前で生きてきた彼女は、この日、イキョンジャというほんとうの名前で卒業式に出席したのです。 | ※李慶子さんと親しげに会話。 | 字幕　李慶子さん（通名中村慶子） | ※李慶子さん、梁さんと親しげに会話。 |
| 1:12 | | タイトルバック「揺れる心：在日韓国朝鮮人・二つの名前の間で」 | |

ある。時間にして1分12秒の短い場面だが、ここにもいくつか見逃せない点が顔を出している（以下、登場する固有名は仮名に変更してある）。

　場面1は本作品のタイトルバックが映るまでのプロローグにあたる部分で、全編にわたって柔らかなBGMが流れるなか、高校卒業式にチマチョゴリ姿で出席する女子生徒の様子が映し出される。それに重ねるように梁さんのナレーションが流れる。このナレーションでは、通名使用は「在日であることを隠す」に等しい、といった本作品全体の基調にもつながる強い主張が語られているのだが、ソフトな声のトーンや音楽の効果もあって、観る者にそれほど強く迫ってくることはない。さりげない主題の呈示、と言うべきだろう。だがそれを上回る衝撃をみる者に与えるのが、チマチョゴリ姿の生徒の上に重ねられた字幕である。わずか数秒間のことだが、朝鮮名のあとに括弧書きで通名何某、と書かれたその字幕は、どこか新聞やテレビの犯罪報道を思わせ、それを目にした衝撃はなかなか消えない。また、あとへの伏線という意味で注目されるのが「映り込み」の発生である。梁さんがチョゴリ姿の生徒にカメラを向けながら、親しげに交わしているやり取りが聞こえてくる。この「映り込み」は、取材者と取材対象との親密な関係性を視聴者に印象づけるものである。この親密性の深さは、作品の終了間際（場面16）で、同じ卒業式のシーンに再度戻ったときに明かされる。ナレーションで梁さんは、「李慶子さんはこの日、わたしが成人式の日に着た思い出深いチマチョゴリを着てくれました」と語るのである。
　オープニングを全体として見れば、梁さんが本作品のストーリーテラーとして押しも押されぬ位置にあることを視聴者に印象づけているように思われる。だがそれが早計な判断であることに次の場面で気づかされる。

　場面2は、以後この作品に一度も出てくることのない、男性アナウンサーとおぼしき声の「第二のナレーター」が登場する点で、きわめて特異な性格をもっている。そしてこの特異性は、この作品全体の帰趨をある意味で決するほどの鍵を握っているのが実はこの場面なのだという論点と緊密に結びついている。映像としては学校の全景、梁英姫さんの取材風景などが流れていく。カメラを構える梁さんを、そのまた別のカメラがとらえている。この場面は、続く

| A | B | C | | D |
|---|---|---|---|---|
| 【場面2. 学校紹介、梁さんのプロフィール】 | | | | |
| | | 字幕　尼崎市立尼崎高校 | | |
| | | 男性アナウンサーのナレーション<br>「兵庫県、尼崎市立尼崎高校です。全校生徒 1080 人のこの学校には、現在、四十一人の在日韓国・朝鮮人の生徒が通っています。」 | | |
| | ※藤原先生に対して質問、やり取り。カメラでアルバムの写真・藤原先生を撮影しながら。 | 「この学校で、半年前から、一人のビデオジャーナリストが取材を続けています。在日朝鮮人 2 世のヤンヨンヒさんです。尼崎高校では、在日の生徒が、韓国人・朝鮮人として、本名で生きていけるように、本人だけでなく、日本人生徒一人一人も考えることを、大きな教育目標としています。」 | 字幕　ビデオジャーナリスト<br>梁英姫（ヤンヨンヒ）さん | ※藤原先生（F）、梁さんの取材に応えて写真を見せながらいろいろ説明。 |
| | | 「その実践のなかで、在日の生徒が何を掴み取っていくのか、ヤンさんは同じ在日の立場から取材してみたいと思ったのです。」 | | |
| | | 「ヤンヨンヒさんは大阪生野区の生まれ、小学校から大学まで、民族学校で過ごし、当然のように本名を使ってきました。そんなヤンさんにとって、日本で暮らす在日の多くが、いまだに、本名と通名を使い分けなければならないという状況は、いつか取り組んでみたいテーマでした。」 | BGM<br><br>梁さんの写真 2 枚挿入（小学生ごろ、中高生ごろ） | |
| 2 : 40 | | | | |

| A | B | C | D |
|---|---|---|---|
| 【場面3.　梁さんへの取材（7.　と同じ）】 | | | |
| | 自分の名前、っていうのは、あのーまず苗字っていうのは、親から直接、もー自分がこー避けようがどうしようがこー、受け継がれるもんであって、特に名前っていうのは、裸でこの世の中に生まれてきて、はじめてこー、親が、与えてくれたもの、それをー、やっぱり受け入れられない、っていうのは、受け付けないっていうのはなんか、非常になんか人間として不自然なような、こー感じがしてたんですね。韓国朝鮮人だけじゃなくてこー在日ー外国人、外国人が、そのー、そうですね何人というよりもぞ、その人らしく、その人というのを全面に出すというのを、よしとされないと、なんかまわりに合わせきゃいけない、日本人の振りしなきゃいけない、だからそのーー番分かりやすい例が通名なんじゃないかなーっていう。 | | |
| 3:40 | | | |

場面3とともに「第二のカメラ」の目線で撮られているのだが、それに対応するかのようにバックに響いているのが男性の「第二のナレーター」の声である。内容で言えば第二のナレーターは、作品の舞台となる高校の概況やこの学校が、在日朝鮮人生徒が本名を名乗ることを大切にする取り組みをおこなっていることなどを語っているのであるが、そのなかで、「第一のナレーター」であるビデオジャーナリスト梁英姫さんを視聴者に紹介するという、ここでの最も重要な役目も果たしている。さきほど作品の語り手（オーサー）として登場したばかりの梁さんが、ここでいきなり語られる存在に早変わりする。「この学校で、半年前から、一人のビデオジャーナリストが取材を続けています。在日朝鮮人2世の梁英姫さんです。…その実践のなかで、在日の生徒が何を掴み取っていくのか、梁さんは同じ在日の立場から取材してみたいと思ったのです」。「梁<sub>ヤン</sub>英姫<sub>ヒ</sub>さんは大阪生野区の生まれ。小学校から大学まで民族学校で過ごし、当然のように本名を使ってきました。そんな梁<sub>ヤン</sub>さんにとって日本で暮らす在日の多くが、いまだに本名と通名を使い分けなければならないという状況は、いつか取り組んでみたいテーマでした」。この第二のナレーターの語りが重要なのは、

この作品が一体誰によって、何を目的に、そして誰のために作られたかという根本的な設定がこれによって確定していることである。それによれば、「同じ在日の立場」にある梁さんが、自分の同胞たちの多くが名前をめぐって葛藤・苦闘しているのは何故かということに深く疑問をいだき、それを解きたいという思いから生まれたのがこの作品だ、ということである。

　男性アナウンサーの声は流れるように心地よく、思わず聞き流してしまいそうになるのだが、ここでなされた設定は非常に問題含みである。と言うのも、これは在日という集団内部で、ある生き方をする者が、自分とは異なる生き方に対して興味・好奇心を抱いたという設定だからである。もちろん、そうした興味・関心が実際に存在することそれ自体が問題だと言いたいわけではない。ただ、作品のストーリーテラー兼第一義的製作者をさらに上位から睥睨することが可能な「第二のナレーター」の位置から、このような語りがなされ設定が遂行されることは、この作品に決定的影響を与えずにはおかない。ごく素朴に考えて、この作品で扱われている在日の若者たちの名前をめぐる葛藤・苦闘の状況を作り出しているのは、トータルとしての日本社会、日本人のありようではないかという思いが浮かぶ。だとすれば、まずもって日本社会・日本人の側に、そうした現象の発生をめぐる探求・吟味に乗り出す責任がある、という発想が出てきてもさほど不自然ではない。こうした意識や感情は、こうした番組を視聴しようと思う人びとの底流にかなり存在していると言える。そしてテレビの前に座ったとき、観る側に漠然としたおそれや不安感をかき立てずにはおかない。だが上記のような、在日同士が異なるライフスタイルに対して抱いた疑問や興味という設定は、底流にあるこのような意識や感情をクールダウンし、敢えて言えばそこに「安心感」を付与するのではないか。と言うのも、こうしたテーマの探求・吟味の責任が日本人・日本社会でなく、梁さんのような立場の人によって果たされようとするのを目にすることで、自身に対する責任が免責されたように受け取られてしまうからである。それを正当化する論理は、こうもあろうか。「こういう微妙な問題はやはり在日同士でないと、理解が及ばないし踏み込めない。自分たち日本人がなしうることには限界がある…」。本章のキーワードである〈おびえ〉とは、日本人・日本社会側のこのような心性・態度を指す。この作品もまた、根底において視聴者に沈潜する〈お

びえ〉の層に訴え、また結果的にそれを温存・強化してしまっているのではないか、という提起をここでしておきたい。

　続く場面3で梁さんは、自宅のような場所で、リラックスした服装で椅子に腰掛け、「第二のカメラ」の前でインタビューを受ける。ここで梁さんは、名前の問題に関する自らのスタンスを明示的に語っており、「名前を受け入れられないことは人間として非常に不自然なこと」と指摘するとともに、その背景には日本社会・日本人の問題性が横たわっていることを示唆している。しかしここで語られた梁さん個人の認識は、上述の作品の構造的問題によって無化されているとまでは言わずとも、薄められてしまっているのではないか。

　繰り返しになるが、在日相互の間で名前をめぐる葛藤に疑問や関心が持たれる可能性を、筆者が否定しているのではない。またその価値を云々しようとしているのでもない。ただこうした作品のベースに、上記のような設定が採用されることで生じる効果は、作品の帰趨を左右する重大性をもつことを強調したいのである。

## 4.　登場人物たちと出会いそこねる──1995年12月・神戸

　このドキュメンタリー作品には、阪神・淡路大震災の爪痕がそこかしこに見受けられる。全校集会や卒業式のシーンをみると、およそ学校の体育館とは思えない、どこかの文化ホールのようなところを借りておこなっていることが分かる。体育館は全壊に近い被害を受けたと聞く。あとでこの作品のクライマックスシーンとして登場する特設ホームルームも、よくみると仮設校舎の教室を使っているようだ。そんな震災の余燼がリアルタイムでまだくすぶっていた1995年12月の神戸で、わたしはこの作品の登場人物たちと交錯し、交錯しそこねていた。

　その日、在日朝鮮人問題を討議する研究集会が神戸で開催され、大学院生のわたしはそこで研究報告をおこなった。朝一番の報告だったためわたしは一睡もせず京都の下宿を出、長い時間を電車に揺られて神戸まで辿りついた。徹夜明けの頭に、当時の神戸の埃っぽい空気はつらかった。そしてやっとのことで

報告を終えたわたしはすっかり開放感にひたり、昼食後再開された研究集会に戻る気になれず、親友Y君と喫茶店でバックレていた。ところが、わたしがそうやって遊び呆けていたその時間帯、このビデオに登場する教師——彼は地元兵庫はいうに及ばず全国に知れた在日朝鮮人教育の「顔」だった——による実践報告会が会場では進んでいたのだった。95年12月と言えば、ビデオジャーナリスト梁英姫さんが高校に取材に入っていた真っ最中で、もしかすると彼女もこの会場に足を運んでビデオを構え「取材」していたかもしれない。また、現在リアルタイムで進行中の在日生徒たちのドラマについて触れたかもしれない。さらに言えば渦中の生徒たち何人かをこの会場に連れてきていた可能性もある。いずれにせよ、その場にいなかったことは、こうしたテーマを探求している研究者にはあるまじき、取り返しのつかない失態だった。しかしまた当時のわたしの「探求」は、その程度の身の入れ方だったと言えるかもしれない。

## 5. 見られることなく見続ける「第二のカメラ」

　続く場面4から、視聴者は梁さんとともに、高校への取材という「冒険」に出発する。

　場面4の開始とともに、作品は再び転調する。それまで二場面連続で「第二のカメラ」の目でとらえられていたのが、再び梁さん自身のカメラの目線に転換するのだ。ここで再び、字幕が威力を発揮する。場面が始まってすぐ、「撮影・報告　梁英姫」と、ルビ付きの字幕が数秒間画面にあらわれるのだ。この場面ではこの他に、学校名や教師・生徒の固有名などつごう5回、字幕が現われては消えている。多用される字幕は、舞台裏に一旦引っ込んではいるが「第二のカメラ／ナレーター」が、決してまだ影響力を失ったわけではないことを見せつけているかのようである。それは依然として、字幕といったルートを通じて作品をコントロールする位置に君臨しているのだと考えるべきではないか。

　しかしそのなかにあって最も重要なのは、やはり「撮影・報告　梁英姫」の字幕である。と言うのも、第一のカメラの担い手梁さんに対してはこうした、視聴者に対するクレジットが現われるのだが、他方で第二のカメラに対して同

72

| A | B | C | D |
|---|---|---|---|
| 【場面4.　市尼の様子】<br><br>わたしが市立尼崎高校で取材を始めたのは、まだ夏の日差しが残る９月の始めでした。尼崎高校には、在日韓国朝鮮人生徒で作る同胞の会があります。<br><br>この会は、数少ない在日の生徒たちが、互いに支えあい、堂々と本名で学校生活を送れるようにと、22年前につくられました。<br><br>2学期に入ると、同胞の会の生徒たちは、秋の文化祭で披露する民族舞踊、プチェチュムの練習を始めます。<br>熱心に練習する生徒たちのなかに、たった一人、本名を名乗ることを拒否している生徒がいました。中村慶子さんです。民族の踊りに参加しながら、なぜ本名を名乗らないのか、話を聞いてみたかったのですが、彼女はわたしを避けるように、帰ってしまいました。<br><br>同胞の会を指導する藤原史朗先生です。教師としての26年、在日韓国朝鮮人生徒が、誇りを持って学校生活を送れるようにと、現場でさまざまな努力を続けています。<br><br><br>5: 20 | | 字幕　尼崎市立尼崎高校<br>字幕<br>撮影・報告　梁英姫（ヤンヨンヒ）<br><br><br><br><br><br><br><br><br>字幕　プチェチュム<br><br><br><br><br><br><br><br><br><br>字幕　中村慶子さん　4: 47<br>字幕　尼崎高校教諭　藤原史朗さん　5: 03 | |

様の措置は一切とられていないのである。第二のカメラが回っているとき、たとえば場面2や3では「取材・撮影　ＮＨＫ大阪放送局何某」のような字幕は一切つかない。字幕が付くとしたら、あくまでそれは被写体の上に、それを説明する目的で配置されるのみである。この非対称な字幕の割り付け方は、この作品全体の大きな構造と深くつながっている。第一のカメラ（視線）の担い手である梁さんは、後に詳しくみるように「映り込み」によって、自らの作品のなかに積極的に「姿」を現しているのに対し、第二のカメラ（視線）の担い手たちは最後まで一切姿かたちを見せず、不可視の存在のままにとどまっているのだ。角度を変えて言えばこうなる。梁さんは取材先で、現地の人と「かかわり」と呼ぶにふさわしい関係を切り結んでいたが、第二のカメラの担い手たちは、現地人と関係らしい関係を結んだ形跡にまったく乏しい、と。

　場面4では梁さんの「映り込み」は発生していないが、ナレーションのなかで取材対象との関係性に明示的に言及している。「民族の踊りに参加しながら本名を名乗らない」生徒（やがてチョゴリ姿で卒業式に出る、冒頭の場面に登場する生徒＝李慶子さん）が「わたしを避けるよう」だったというくだりである。これは、作品のなかで徐々に深まりを見せ、最後は卒業式に自分のチョゴリを貸し与えるまでに親密さが高まる、関係性変容の物語の伏線と見なすことができる。


## 6.　ジャーナリストの矩を超える──そのとき何が起こったか？

　続く場面5は、非常に明瞭な形で梁さんの「映り込み」が発生する点で特徴的である。3年生最後の特設ホームルームを控え、そのもち方を担任教師とクラス委員生徒たち（全て日本人と思われる）が相談する打ち合わせに、カメラを手にした梁さんが同席して撮った映像が全面にわたり使われている。議題は、HRのなかで、クラスに在籍する在日朝鮮人の男子生徒本田君に、名前の問題でどのようにアプローチするかだ。冒頭教師は、「自分の口からな、わたしは在日韓国人やと、ぼくは在日韓国人やと、ほんまは、こういうんやと、こういう名前やと、あいつの口からちゃんと聞きたいな。ちゃんとな…それ聞けるために、わしらは何ができるんや？」と委員の生徒に迫る。少々強引に、自

らがこうあって欲しいという理想・願望を生徒たちにぶっつけているようだが、それに応える女子生徒の言葉が、「うちらがなんぼ言っても、変わらんねやろ、向こうの気持ちが」「何を示せばいいかが、わからへんちゅうねん」といった調子でまったく敬語ぬきの「ため口」であるところが微笑ましくもある。荒々しいほどの力でぐいぐい引っ張っていく指導力と、生徒からため口を叩かれるほどの友達感覚に近い関係性とが同居しているところに、この教師の真骨頂があり、にくめなさの淵源でもあるのだろう。

| A | B | C | D |
|---|---|---|---|
| 【場面5. 特設打ち合わせ】<br><br>3年生最後のHRを控え、藤原先生と、クラス委員の生徒が集まりました。藤原先生のクラスには、自分が在日であることを隠してきた、本田俊二君がいます。本田君が、本名を名乗って生きていくために、自分たちには何ができるのかをHRの議題にしたいと考えています。 |  |  | F わしらは何していったらいいねん。日本人として。少なくともな、自分の口からな、わたしは在日韓国人やと、ぼくは在日韓国人やと、ほんまは、こういうんやと、こういう名前やと、あいつの口から聞きたいな、ちゃんとな、おお。それ聞けるために、わしらは何ができるんやどうしたらいいんや。<br><br>S うちらのこと、信用してくれへんかったら、うちらがなんぼ言っても、変わらんねやろ、向こうの気持ちが。<br>F だ、信用してもらう為にはな、わしらはどうしたらええねん？ |

| | | S それが何したらええかわからへんってうちは書いてん紙に。 hhhh |
| | | S だから口で言ってもなんか分かってくれへんやったら、なんか態度で示せばいいっていうのは分かるねんけど、何を示せばいいかがわからへんちゅうねん。 |
| | 先生、ちょ、ちょっとでしゃばっていいですか？ 6 : 35 | |
| | さっき、黒岩さんだっけ？黒岩さんがちょっと言ってたけど、本田君が自分の名前気にしてるのかなって思ったって、聞いていいんかなって言ったじゃない？こんなこと言うてええんかな、こんなこと言うてええんかなっていうのがいっぱいあると思うの、みんなの頭のなかに。わたしはね、それ自体がもう、垣根ができちゃってる、と思うのよね。だから彼が宣言するかしないかっていうのも大事やけれども、宣言しようがしまいが、自分が彼をどうみるかっていうのをまずね、はっきりしないと、ストレートな発言は出てこないんちゃうかなって、すごく、そういうのを感じました。 | F ええ |
| 本田君のことは他人事とは思えず、わたしはいつの間にか話しに加わっていました。そして、どきどきしながらHRに向かいました。 7 : 30 | | |

76

　さてこのやり取りは、教師が「在日の彼が皆の前で本名を名乗ってくれるに
はクラスとしてどうしたらいいか」と問い、生徒が「我々が向こうから信をえ
ていなければ無理だ」という「正論」で切り替えしている。梁さんの「映り込
み」が発生するのはまさにそのときである（トランスクリプト・カラムＢ参照）。
いつもより少し早口で、高いトーンの声で発せられる梁さんの声。まさに辛抱
たまらず、思わずジャーナリストの矩を超えて出てしまったような声だ。「こ
んなこと言うてええんかな、こんなこと言うてええんかなっていうのがいっぱ
いあると思うの、みんなの頭のなかに。わたしはね、それ自体がもう垣根がで
きちゃってる、と思うのよね」。梁さんが指摘したのは、クラス委員の日本人
生徒達に巣食う〈おびえ〉の心性そのものであった。名前のような微妙な問題
を自分たち日本人が詮索していいのかという言葉や、あるいはくだんの、まず
先方から信頼してもらうのが先決だという「正論」が、ここで真正面から論難
されている。梁さんのカメラがとらえたままの日本人生徒の表情はみるみるこ
わばり、それまでのややだれた空気が一変する様子が分かる。フィールドワー
クに入った研究者が、思わず立場を忘れて現地の人と議論（口論）を始めてし
まったときの空気も、こうもあろうか。
　だがこの「映り込み」は、その直後に配置された梁さんのナレーションに
よって、作品のなかでその性質を変容させていく。「彼のことは他人事と思え
ず、わたしはいつの間にか話に加わっていました」。今回の「映り込み」をこ
のように説明しているのである。筆者はこの部分にこだわりがある。予め言っ
ておくと、梁さんが「他人事と思えず」口を出したという心の動きや行動を
云々しようとするつもりはまったくない。ただ、個人の製作意図をはるかに
超えたところに位置する、ドキュメンタリー制作の大きな文法とでも呼ぶべき
もの、そしてそれがこの作品に適用される際に個別具体的にはたらく権力作用
を問題視したいのである。それを前提に言うと、思わずジャーナリストの矩を
超えて出てしまったこの発話を、「同じ在日の立場として見過ごせず、思わず
出てしまった」ものと解釈することは、それが100％「正しい」解釈だとして
も、やはり発話のインパクトをやや殺す結果になってしまうのではないだろう
か。世にはびこる〈おびえ〉の心性への批判は、それが在日の口から出た言葉
だから意義があるのでなく、批判それ自体に内在的に価値があると筆者は考え

る。誤解を恐れず言えば、誰が指摘しても同じように傾聴に値するものである筈なのだ。ところがこのナレーションにおいて、それが「この問題を他人事と思えない立場＝在日朝鮮人の立場」からの発話として、自己カテゴリー化され直される。視聴者の注意はその中味から幾分そらされ、誰が、どの立場から語ったかに焦点がずらされるのである。

　ここでとりあげた問題は、存外根深いように思われる。と言うのも〈おびえ〉の心性は作品に登場する日本人高校生たちだけの問題ではなく、他ならぬこの作品の構造的問題として全編を貫いているものでもあるからだ。根深い問題だというのはたとえばこういう意味である。問題が深いということは、それを批判する行為はそれだけ非常に「きわどい」ものとなる。非常にきわどいとは、ありていに言えば、テレビでオンエア可能なものからは注意深く排除されるぐらい、ということだ。ではこの作品はその禁を犯したのか？　筆者はそうではないと考える。それはこういうことだ。〈おびえ〉の心性への批判的指摘は、在日のジャーナリスト梁英姫さんから発せられた言葉だからこそ「生存」を許されたのであり、たとえばそれが日本人の取材者（研究者や記者、フリーランスの人間など誰でもよい）から出た言葉であれば、コードに抵触するとしてきっとカットされていたことだろう。本来は作品そのものを構造的に揺るがしかねない批判が、特定の立場から特定の感情をもって発せられた言葉としてコンクリート詰めされることで、辛うじて消去をまぬかれ保存された、筆者はこのように解釈している。


## 7.　舞台の高校を訪ね、「先生」と会う──1996年9月

　この作品の「先生」とお目にかかり、きちんとした形でお話ししたのは1996年9月、すでにこの作品が世に出た後だった。舞台の学校に足を運び、雑然とした資料室で対座した。もしかするとこの部屋も、映像のなかに写って姿をとどめているかもしれない。そうやって話している間にも、在日の生徒が何人か「先生」のもとを訪ねてきた。朝鮮奨学会の書類を持ってくるとか、そんな用件だった。その生徒が帰った後、あの生徒は最初奨学金の申請を頑なに拒んで

いたんだけどね、と嬉しそうに話してくれた。そのとき何が主たる用途だったかはもう忘れてしまった。しかしその頃わたしは居住地を京都から、その学校が立地する近辺にちょうど移したところであり、こんどこの辺に越してきましたのでよろしく、ぐらいのことは言ったかもしれない。その地で、在日朝鮮人が多く住むコミュニティの調査をベースにした教育社会学的フィールド調査という、まったく未知の世界に足を踏み入れようとしていた。始まったばかりだと言うのに、なぜか調査の失敗を予感していたわたしは、毎日不安でいっぱいであった[1]。「先生」の目からもどこか頼りなげな姿に見えたことだろう。

## 8. 心臓部＝「教室」へ

教室のなかに梁さんのカメラが入り、いよいよ始まった特設ホームルームの緊迫したやり取りを映像と音声に記録した場面６は、本作品のなかでも白眉のシーンであり、きわめて貴重な映像資料として後世まで残ることだろう。先の場面５ではにくめないキャラクターを醸し出していた教師が、ここでは真剣そのものに語気鋭く生徒たちに語りかける。語るというより吼えるといった迫力で、筆者はいつもここにさしかかると目に涙がにじんでしまう。名シーンだ。そして場面７は、場面６に記録されているホームルームに取材者として立ち会った経験を、梁さんがあとで振り返って思いを「第二のカメラ」に向かって語っている。採録されたのは短い言葉のみだが、ビデオジャーナリストらしい着眼点から語られている。しかしながら、場面６・７をつなげてとらえてみると、先ほどの場面５の検討で指摘した、「映り込み」とその後のナレーションの関係と、構造的に相似した問題がここでも指摘可能である。

場面６ではまず、先の場面にも登場したクラス委員の日本人生徒Ｓ１、Ｓ２が本名宣言を促す発言をし、それへの本田君の応答が続く。このうちＳ２（女子生徒）は涙声を振り絞るように話しているが、手元にはメモのようなものがあり、下を俯いてそれを読み上げているように見える。一方Ｓ１（男子）の方は詰まりながらも訥々と、自分の言葉で語ろうとしている。正確な表現はト

| A | B | C | D |
|---|---|---|---|
| 【場面6. 特設ＨＲの時間】<br><br>在日の問題を、クラスメートが直面している現実の問題として、しかもそれを本人を前に話し合うというのはとても勇気のいることです。 | | 字幕　３年１組の最後の特設ホームルーム | |
| | | | S1 今まで本、通名で、呼んでたんやけど、その子が朝鮮人やなって、在日韓、在日やねんなって、意識するようになって、すごく抵抗があったんです。もう３年、高校生活もこれで終わりやし、やっぱり本人に、その本名を、言ってほしい、すごく、ゆ、これから本名でよん、呼びたいんです。<br>S2 そう簡単に、本名宣言ができるわけがないっていうのも分かるし、すごい不安もあると思います。でも、わたしたちのことを信じて、本名宣言してほしいと思います。 |
| 張り詰めた空気のなか、本田君が発言します。8: 37 | | 字幕　本田俊二君 | |
| | | | 本：僕は在日です。自分がこの場で、ゆったんじゃなくて、何か言わされたゆう感じやねんけど、内心、まあみんな俺のこと、受け入れてくれるんかなーっていう、ありがとうっていう気持ちもあるけど、本名ゆえゆえって言っておまえ等に何が分かるねんっていう気持ちもあった。在日ですってゆったけど、僕は、本名でゆくつもりは、まったくないと、まったくないです。<br>//<br>おれが在日やっていうことを、まあ反感食らうかもしれんけど、在日やっていうことをみんなに知ってもらって、みんなに何ができる？もうそら、在日やからって、みんなが普通に、ま接してくれるのは分かるけど、在日やから特別、とかそんなんあるんかわからへんし、だから普 |

通に、別に在日になりたくてなったわけ
じゃないし、

S3 ぼくは、言えとか言うなとか、そうい
う、強制するんじゃなくて、本人の、意
見に任せるのが一番いいと思います。ぼ
くらは助言できますけど、強制すること
は、誰もできないと思います。ただ俺ら
でも先生でも、友だちでも誰でもできひ
んと思うし、そんな、確かになんかみん
な、本名で呼びたいっていう気持ちはわ
かりますけど、

10:33　F 名前の問題で、個人の好き嫌いみたい
なことゆうとるけども、ね、でなんか、
あのー日本人のそのーま友達もメンバー
も、そりゃ当人の自由ちゃうかと、そりゃ
もちろん自由よ、もちろん自由や。けど
な、本田という名前が、の起こりは何やっ
たんやゆうことをよう考えろ。おれは一
年生のときに現代社会で、受け持った連
中にはガンガン教えてるはずやそのこと
を、な。そこをきちーっと、もっかい思
い、思い返してほしいんや。日本人とし
て、朝鮮人に対して何ができんのかいう
ことを考えないかんのや。何も別に本田
がな、わしらに何してくれ、あれしてく
れなんかいうてへんがな。ただ彼が、本
田と言わざるをえない現実みたいなの
作ってるのはわしらやろがい？そして親
やろがい？爺さん婆さんやろがい？ちゃ
うか？あだ名ちゃうかならな。歴史的に
作られてきたもんやろが。歴史的に直し
ていかないかんやろ。そこを考えへんかっ
たら、そんなもん、好みの問題になって
しまうやないか、な？

本田君のことを、それぞれの
立場で必死に考えるクラス
メートの姿が、わたしにはと
てもありがたく思えました。
11:56

ランスクリプトを参照してもらいたいが、短い発話の間に「朝鮮人」「在日韓（国人）」「在日」と呼称がぶれたり、本名を「言ってほしい」と述べたのを直後に「呼びたい」と言い直したりと、逡巡しながらの発話であることが分かる。また本田君からの応答のあとに、日本人生徒とおぼしきＳ３（男子）の、「誰も強制はできない、本人の自由に任せるべき」という意見が続く。Ｓ３の発話は、Ｓ２のように原稿を準備しているわけでもなく、Ｓ１のように訥々と詰まりながら言うわけでもなく、早口に一気に言い切る感じである。何かに憑かれたような表情も印象的だ。

　筆者は、このホームルームのシーンがこの作品の白眉だと先に書いたが、特に映像資料として価値が高いのはこれら日本人生徒の、戸惑いに満ちながらの発話やそのときの表情にあると考える。このホームルームの運営が、強引だとか押しつけ的だと批判することはた易い。しかしともかくそこに徹底しているのは、この種の重い話題を扱う際の負荷を、マイノリティの側だけに分配せず、マジョリティを構成する日本人生徒の側にも応分の重荷を背負わせるというポリシーである。つまり在日朝鮮人問題をテーマとした学習において、日本人側にも汗をかかせる、いや意図的に日本人の側によりたくさん汗をかかせるよう配慮するということである（在日にとってはいやが上にも緊張を強いられる時間なので）。日本人生徒にとってこの場は、普段べつに真剣に考えずに済み、またいつでも避けたり逃げ出すことが可能な問題に強制的に向き合わされ、しかも向こうのご意見拝聴ではなく自分たちからの発信を求められている。マジョリティにとって日常とは大きくかけ離れた苦痛と緊張が意図的に作り出され、異様な空気のなかでコミュニケーションは淀み、停滞する。この構造は、部落解放運動の確認・糾弾会（好井 2000）や対話型啓発（倉石 2003; 山田 2003; 好井 2003, 2004）にも共通するし、倉石（2001, 2004）がかつてモデル的に呈示した学習場面構造の意図的「反転」にも重なるものである。そうした意味で、場面６で梁英姫さんのカメラによって映し出された生徒Ｓ１〜Ｓ３の声と表情は、それ自体が教育実践の「成果」でもあり、また作品の一部を構成する重要パーツともなりうるものである。

　また場面６で、日本人生徒は在日の本田君の手厳しいリアクションに直面する。かれらの呼びかけに対する応答は、「僕は、本名でゆくつもりは、まった

82

くないと、まったくないです」「在日やっていうことをみんなに知ってもらって、みんなに何ができる？」というものであった。日本人生徒は、まさに本田君が、ちょっとやそっとの呼びかけでどうこうすることのできない存在、ルーマンが言うところの「平凡でないマシーン」であることを、はっきりと知らされるのである。その重苦しい沈黙をやぶる教師の発話にも注目したい。「本田という名前の起こりは何やったんやゆうことをよう考えろ」「日本人として、朝鮮人に対して何ができんのかいうことを考えないかんのや。何も別に本田がな、わしらに何してくれ、あれしてくれなんかいうてへんがな。ただ彼が、本田と言わざるをえない現実みたいなの作ってるのはわしらやろがい？　そして親やろがい？　爺さん婆さんやろがい？」。教師は本田君のリアクションに微塵も動じていない。この発話のなかで教師は、彼の「非凡性」への承認を表明し、日本人生徒にもその共有を求めている。日本人としてどう行動できるのか考えろとは、平凡化への意志の断念の上に立った言明である。

| A | B | C | D |
|---|---|---|---|
| 【場面7. 梁さんへの取材（3. と同じ）】 | | | |
| 13:06 | 本田君がしゃべってるときの、顔を見ながら、つらかった、です。カメラを向けながら、彼の目がずーっとなんか、もう宙をさまよってるっていうんでしょうか、友達の顔も見ながら見ながら、先生の顔も見ながら、でも全部を避けながらと言いますか、何かほんとに何がこの子をこんなにも悩ましてるんだろうとね、可愛そうになっちゃうぐらい、あの一本人、本人には罪がない、でも本人しっかりしなきゃいけないっていう、ほんとに本名、本名でよかったのかどうかとか、ほんとに通名でよかったのか、っていう答えはやっぱり、一生かかって、出すっていうとちょっと逃げになるかもしれないですけれども、でもほんとにそうだと思うんですね。一生かけて出るのか、一生かけて自分で答えをま、作るのか探すのか分かんないんですけれども、でも間違いなくあの一、市尼のHRっていうのはそのきっかけをくれるだろうなーというふうに、うん、思いました。 | 字幕　ビデオジャーナリスト梁英姫（ヤンヨンヒ）さん | |

ところが、今度は続く場面7で梁英姫さんが取材を受ける側に回り、「第二のカメラ」の前でインタビューを受ける。冒頭に字幕「ビデオジャーナリスト　梁英姫さん」が映し出され、カメラアイが変わったことが視聴者に告げられている。梁さんは、場面6のホームルームのシーンを振り返って、取材者の立場から語っている。リラックスした服装で椅子に腰掛けて話している梁さんは、自宅かどこかでインタビューを受けていると思われる。ここで注目されるのは、おそらく多岐にわたったであろう話題から、場面7として切り取られているのが、在日の本田君がしゃべっているときの、彼の表情や目線をめぐる話題だったということである。詳細は場面7のトランスクリプトにあるが、ここで梁さんは、「何がこんなにも彼を悩ましてるんだろうと、可愛そうになった」「本人には罪がない、でも本人がしっかりしなきゃいけないっていう」という言葉から分かるように、場面5と同じく本田君を「他人事と思えない立場」に自らを限定して語っている。敢えてこの語りが選び出され、ホームルームの記録の次に配置されたことで、梁さんのカメラがとらえた日本人生徒S1〜S3の声と表情や、マジョリティにとって日常と大きくかけ離れた苦痛と緊張に満ちた場面を意図的に作り出そうとするこの実践の重要性はぼかされてしまい、視聴者の注意がそこから逸らされていくのではないだろうか。そして、在日という「かれら」だけが分かり合え、集団内部で円環し完結する問題へと整理され、棚上げされてしまうのではないだろうか。

## 9.　ひょんなことから始まった「同窓生たち」とのつきあい
### ——1996年冬〜1997年夏

　9月から始まったわたしの住み込みフィールドワーカー生活は、秋の声をきき冬が訪れても、少しも明るいものになる兆しはなく、鬱勃とした毎日が続いていた。そんなわたしにとって、ちょうどこの年の秋、わたしが居を構えた町で開催の運びとなった「第一回マダン」（安保1998に紹介されている）実行委員会で知り合った地元の在日の、「友達の友達」の縁をたどって知り合った在日の若者たちは、大きな出会いだった。みな20歳前後、大学へ通っている者もあれば働いている者もいた。その少なからぬメンバーが、このドキュメンタ

リーの舞台である高校を卒業した同窓生たちだった。かれらは「先生」のこと
をいつも「シロウ、シロウ」と呼んで、ときどき噂話に花を咲かせた。「シロ
ウ」の強引ぶりがネタになることも結構あり、わたしも興味深く傾聴させても
らった。詳しいかかわりは分からないが、誰もが「先生」の洗礼をくぐったよ
うだ。だがかれらの話し方の根底には、親しみの念がつねにこもっていたよう
に思う。ちなみにわたしはかれらから「イチロウさん」と呼ばれ続けた。

　このメンバーで、その年の冬頃から毎週木曜日夜7時からハングル教室を始
めた。総勢14、5名ぐらいか、在日の青年活動に少しだけかかわった経験のあ
るメンバーが「先生」役だったが、授業のほうはぼちぼちといった感じで、む
しろ際限なく深夜まで続くフリートークの時間がメインイベンツだった。ロ
ケーションも実に不思議なところだった。部落の改良住宅（マンション形式）
の空き室だったと思うが、メンバーの一人がそこの鍵を持っていて、会場を無
償で提供してくれた。いわば教室のパトロンである。一体どういう賃貸関係
だったのかいまもって謎である。ちなみに最寄の駅は、ビデオ作品の舞台の学
校と同じ私鉄の駅である。ストレスフルな毎日を送っていたわたしにとって、
週一回のこの時間は楽しい気晴らしだった。しかし他方でかれらと過ごす時間
それ自体が、わたしにとって新たなストレスの種だった面もなかったとは言え
ない。わたしとかれらは、何もかもが違った。ノンストップ喫煙、車での移動、
ファミレスのハシゴ。わたしも京都時代は相当に不摂生・自堕落の道をきわめ
たが、そのどれもまったく未経験だった。また、かれらとはほとんど何も共通
する話題がなかった。話に入れなかった。在日と日本人の間の壁というような
問題ではまったくない。際限ないフリートークの間、わたしは黙して笑ってい
る時間が圧倒的に多かった。年齢も少しちがった（ややわたしが年嵩であった）。
だが、なかにはわたしと同年代のメンバーもいたのに、かれらは少しも浮いて
いなかった。

　しかしこうやって浮き上がっているだけならまだいいのだが、もっと困った
のが、かれらの何人かがときどき、わたしを放っておいてくれなかったことだ。
メンバーには何人か大学生がいたが、わたしが当時肩書きに持っていた大学は
向こうにとって「雲の上」のところであり、しかも「大学院生」というおまけ
までついていた。そういう人間が、働くでも学校に通うでもなく、こんなとこ

ろにきて自分たちの傍で笑いながら、一体何をやろうとしているのか。大いなる謎だったに違いない。そうした好奇の視線をときどき痛いほど感じた。もっと直截的なこともあった。いつもアホばかり言って、メンバーの笑いの輪の中心にある男の子から、ときどき不意に詰問された。「ねイチロウさん、一体なんでこんなこと（在日問題）やろうとおもたんですか？」。わたしがどんな答えをしても、彼は納得しなかった。わたし自身、自分の言っていることに一度も納得できなかった。

　おそらくこういうことの総体が「つきあう」ということだろう。わたしははじめて、それを身をもって学びつつあった。


## 10. 作品の後半部——「親密性深化の物語」への傾斜

　場面8からの作品後半部は、教室という舞台から離れ、梁さんと中村慶子さんとの関係性の変容の物語へと、一気に展開していく。

　場面8の冒頭に字幕「撮影・報告　梁英姫」と映し出され、「第二のカメラ」が再びイニシアチブを形式上譲り渡したことが示される。これ以後、「第二のカメラ」が表舞台に立つことはなく、梁さんのカメラがとらえた映像によって作品が構成されていく。場面8は文化祭の日の情景で、在日生徒たちで作る「同胞の会」が民族舞踊の出し物を無事に成功させた姿がとらえられている。しかしここでの主題は、梁さんと、「ただ一人本名を名乗っていない」「それまでわたし（梁さん）を避けていた」生徒との関係が変容の兆しを見せ始めたことである。もっぱらそれは梁さんのナレーションで語られる。公演終了後に見せた涙、「はじめてカメラに向かって語りかけてくれたこと」から、「彼女の心のなかで何かが変わり始めた予感」を感じたとしている。じっさい映像には、この生徒が梁さんのカメラに向かって（と言うことは作品を観る視聴者に向かって）、顔をくしゃくしゃにしながらも、ピースサインを見せながら歓声をあげる様子が収められている。このときを潮目に、この生徒と梁さんの関係は急速に親密化し、彼女が映っているシーンでは「映り込み」が頻発するようになる。

| A | B | C | D |
|---|---|---|---|
| 【場面8. 文化祭】<br><br>文化祭の日がやってきました。<br>民族学校で学んだわたしにも経験がありますが、衣装、舞踊、音楽など民族の文化に触れるとき、不思議な心地よさに包まれるものです。この日、同胞の会のみんなが舞台で見せた表情は、まぶしいほどに輝いていました。<br><br>公演後の晴れやかな表情のなかで、ただ一人、本名を名乗っていない中村慶子さんが泣いていました。<br><br>それまでわたしを避けていた中村さんが、はじめてカメラに向かって語りかけてくれました。このときわたしは、中村さんの心のなかで、何かが変わり始めたのではないかという予感がしました。<br>14:23 | お疲れさーん<br><br><br><br><br>お疲れさーん | 字幕　撮影・報告<br>梁英姫(ヤンヨンヒ) | |

単なる取材者－取材対象の関係を越えたかかわりへの移行が、普通の日常的コミュニケーションと取材時のそれとの仕切りを次第に取り払った。カメラを構えていても、普通の会話が成立するようになったことが多くの「映り込み」を発生させたのである。ただ同じ「映り込み」でも、そこには場面5の日本人生徒が見せたようなこわばったカメラ目線はなく、梁さんを信頼し切った穏やかな表情が目立つ。

　場面9（トランスクリプト省略）は、同胞の会の生徒の親たちと教師との交流会の風景がおさめられており、机の上に所狭しと並んだ料理を囲んでにぎやかに歓談が続く。場面6の特設ホームルームを指導した「先生」も混じっている。カメラを構えて取材中の梁さんのコップに、親の一人がビールを注ぎ、梁さんが「すいませーん、恐れ入ります、カムサハムニダ」と言う声が聞き取れる。

　場面10〜12は打って変わって、「年に一度、全校生徒が一堂に集まり、さまざまな人権問題について考え、話し合う特設ホームルーム」の様子が、ス

| A | B | C | D |
|---|---|---|---|
| 【場面10. 全校特設舞台裏】<br>今日は年に一度、全校生徒が一堂に集まる特設HR。さまざまな人権問題について考え、話し合う時間です。<br>中村慶子さんはこの日、全校生徒の前に立ちます。韓国人として、本名で生きていく決心を宣言するのです。 | | | |
| | こっちは人将やし、びしっと決めて緊張する？ | | |
| | | | 中：おう、頑張ります。あ、めっちゃ緊張するでもー |
| 16:07 | | | 中：緊張する |

テージ上で「本名宣言」をする李慶子さんの姿を中心におさめられている。会場は、このとき学校の体育館が被災して使えなかったため、どこかの公会堂の大ホールのような立派なところを借りているようだ。

　場面10はステージに上がる直前の「同胞の会」メンバーの緊張した様子がとらえられ、ナレーションで、李慶子さんが「この日、全校生徒の前で韓国人として本名で生きていく決心を宣言する」ことが説明される。舞台裏の廊下を歩きながら、ここでも梁さんの「映り込み」が発生し、女子生徒を気遣う声が聞き取れる。

　場面11ではステージ上の女子生徒の姿にほとんど焦点が当てられ、「本名宣言」の様子がつぶさにとらえられている。そのなかで注意を引くのは、まず「宣言」が始まろうとするその瞬間に「**本名宣言**」という字幕がかぶさることだ。もう一つは、「宣言」が進んで佳境に達したところで、生徒が感極まっ

| A | B | C | D |
|---|---|---|---|
| **【場面 11. 全校特設ステージ上】**<br>同胞の会の代表メンバーが、中村慶子さんを支えるように、一緒に舞台に立ちました。<br><br>みんな通名で入学し、同胞の会の活動のなかで、本名宣言をした生徒たちです。民族学校に通い、本名か通名かという迷いのなかったわたしには、彼らが逞しくさえ見えました。 | | | |
| | | 字幕　**本名宣言** | 李：3 年 B 組の、イキョンジャです。わたしは、今年の文化祭で、はじめて同胞の会の一員として、舞台に立ちました。今まで自分が、在日であることを恥じていたような気がします。がんばっている在日の友達を横目に、逃げていたような気がします。わたしは、高校に入っての 3 年間、在日問題に関しては、逃げることを覚えてしまいました。特設 HR に熱を入れている市尼に入学したことをすごく後悔していました。何でほっといてくれへんねやろうって泣いた日もありました。でも周りの日本人の先生や、史朗先生や同胞の人たちに支えられて、今はこうして自分に誇りがもてます。ただ違う国の人間として生れただけで、わたし自身に何の汚点もありません。在日であることを恥じていた自分が、いまはすごく恥ずかしいです。今まで自分の殻に閉じこもっていて、18 年という長い時間がかかってしまいました。今やっと、在日であることを正面から受け止めることができました。この市尼で過ごした、韓国人としての時間は、わたしのこれからの人生のなかで大きな励みになると思います。　（拍手） |

| | | | これからは、中村という、(//) 偽りの自分でなく、イキョンジャという、本当の自分で生きていきます。(拍手) |
|---|---|---|---|
| 19:04 | がんばれ 18:25 | | |

て声が出なくなり、それでも必死に続けようとするシーンに重ねて、梁さんが一言「がんばれ」とつぶやくのが聞き取れることだ。「映り込み」の一つであるが、他の例との違いは、梁さんが相手とコミュニケーション状態にあるのでなく、あたかも独り言のように、本人に届こうが届くまいがお構いなく発せられたという点だ。（会場から、ステージ上の李さんに届くよう大声で発せられた「がんばれ！」という声や拍手を聞き取ることもできる）。梁さんは大声を出さなくても、客席でビデオカメラを構えている横で発声することで、作品のなかでステージ上の彼女に声を「届ける」ことができたわけだ。場面12（トランスクリプト省略）は全校集会終了後の舞台裏の様子を撮っていて、晴れ晴れした李慶子さんの表情が映り、梁さんが、「がんばったー」等と彼女に親しげに語りかける言葉、「映り込み」が見られる。場面13（トランスクリプト省略）では、「宣言」した李慶子さんがボーイフレンドとともに梁さんのインタビューを受け、二人の関係などをこもごもに語っている。非常に打ち解けた雰囲気で、友達同士のような空気である。


## 11. 再び、不同意の「映り込み」

　場面14は、先の場面6に記録された特設ホームルームを指導した「先生」の家に、卒業を目前にした生徒たち数名が遊びに行き、歓談する場面である。梁さんはナレーションで「生徒のなかに、本田君もいました。本田君はあのホームルームのとき、在日であることの葛藤をぶつけることによって、心にあるわだかまりが少し軽くなったといいます」と語り、そのバックには、私服姿でにこやかな本田君の映像が流れる。追い討ちをかけるかのように、「本田俊二君」という字幕が彼の映像にかぶせられる。集まった生徒は男子生徒ばかり

で、彼以外はみな日本人生徒であると思われる。ところで筆者がこの場面に重きをおくのは、3年のクラスでの特設ホームルームの様子をカメラがとらえた場面6と同じ質の重要性が、ここに認められると考えるからである。

| A | B | C | D |
|---|---|---|---|
| 【場面14. 先生宅に生徒訪問】<br>宝塚市にある藤原先生のお宅を、3年I組の生徒が訪ねました。先生の手料理を囲み、まるで家族のようです。<br><br>生徒のなかに、本田俊二君もいました。本田君は、あのHRのとき、在日であることの葛藤をぶつけることによって、心にあるわだかまりが少し軽くなったといいます。 | 先生の手料理の味は？ | BGM（軽やかな） | S: さいこー！ |
| | いまこー振り返ってさあ、卒業を目の前にして、こー特設って何やったでしょうか？皆さんにとって、どういう場だったかなーっていうのをちょっと聞きたいんですが。 | | |
| | hhhh | | S1: hhh はっきり言って他の学校いっとったらー、もー朝鮮人と、在日の人が、どんなに苦しんでいるか、はっきり言って、もー中学校まで知らなかったんでー、で市尼来てやっぱ、全て分かって、で3年なって、藤原先生のクラスになれて、まあより深く、そういうのが、人間としての、<br>F: いやそれは違う。 |

| | | | |
|---|---|---|---|
| | | | S1: あれ？ |
| | | | hhhh |
| | | | S1: 何言うてるんやっけ、おれ。とりあえず良かったです。 |
| うーん<br>24:03 | | 字幕　本田<br>俊二くん | F: ちがう、俺が言いたいのはなあ、hhh お前がおまえ自身を、どれだけ発見したか、 |
| | | BGM フェードアウト | S1: ああ |
| | | | hhhh |
| | | 字幕　特設＝特設ホームルームのこと | F: お前の手紙はそうやろがい。それを、正直に言わんかーお前。そうやなかったらお前ーあのー、なー韓国朝鮮人、かわいそかわいそだけの話やないかー。おれはそんな特設 HR はなー金輪際考えてないわけやー。 |
| | | | hhhhh |
| | | | S: きたきた、これやこれや。 |
| | | | F: だから俺からすりゃあな、あの特設はまだ65点よ。 |
| あと35点はなんですか？ | | | |
| | | | S: hhhh ほら、適当、適当、適当に65点って言うから。あとさき考えてしゃべらな、おれらによーいうやん。 |
| | | | F: いや、そりゃ、お前らみんなに言うてるようにな、HR それ自身ではな、100点かもしれん。その後の人生あるやろ。それがー35点とか、22点とか、言うことやろ。学園での出来事に過ぎないんやろがーまだ。それをどんだけこー懐入れて、社会行って勝負するかやろがー。そういうほうがもっとしんどやろがー。ほんでお前ら、みんな |

| | | | 就職やから、そういうこと分かってるからー、な、あのーいわゆる進学コースのメンバーとは違った、切羽詰ったな、議論をしたわけだろう。そういう意味で100点だよ。な。ほんとは65点なんや、あとの35点がもっとしんどいから、何十年かけてくんやから。〈以下略〉 |
|---|---|---|---|
| 26 : 02 | | | |

　宴が一段落したタイミングを見はからって、梁さんの「取材」が始まった。「いま振り返って、あの特設HRは皆さんにとって何だったでしょうか」というのが質問である。この場面では、一人の男子生徒（日本人と思しき）の応答を軸に、それに「先生」が横やりを入れて自説を強くぶつ展開になっている。数ある映像のなかからこの男子生徒の応答を採用した意図はむろん推測の域を出ないが、それがある種戯画的なものである、つまり今回の特設ホームルームのような取り組みを体験した日本人の感想として、いかにもありそうな凡庸なものだからこそ作品に残したのではないかと筆者は考える。詳細はトランスクリプトを参照してもらいたいが、要旨は「他の学校に行っていたら、またこの学校でも別の先生のクラスに入っていたら、あそこまで深く、朝鮮人、在日の人がどんなに苦しんでいるか、知ることはなかった。そのような機会に恵まれて良かった」というものであった。カメラが回っているとは言え、くつろいだ席上の発言であり生徒に緊張感はなく、若干お座なりに応えようとしている気配もある。早口に「とりあえず良かったです」と締めくくるところにそれが色濃く現われている。しかし「朝鮮人」「在日の人」という言い直しがこんなところでも発生していることから分かるように、日本人がこのテーマで話しをする際に巻き起こる隠微な緊張感と、この場面も無縁ではない。

　この生徒が「人間としての…」というところまで喋りかけたとき、教師が「いやそれは違う」と割り込みの発話をおこない、一座がどっと沸く。しかし教師はそこではそれ以上続けず、再びターンを取った生徒が再開し、唐突に

「とりあえず良かったです」と話を締めくくる。ここで梁さんの「映り込み」が、非常に微妙なかたちで発生する。締めくくった話に対して、相槌というか生返事のように梁さんが「うーん」と応じるのが聞き取れるのである。この「うーん」は明らかに、相手の発話に対する不同意、不満を表示する「うーん」である。ごく短い「映り込み」だが、これは場面5で、打ち合わせ中の日本人生徒に対して思わずせずにはおれなかった「映り込み」と同質のものであり、親密な関係になった在日女子生徒との間に頻発するようになった「映り込み」とは別種のものだ。ちょうど場面5とは逆に、ここでは、梁さんの「映り込み」を教師が引き取るような形で長い発話を始めるため、たった一言でそれは終わっている。場面5の「映り込み」は比較的長い時間続くため、観る者にある程度のインパクトを及ぼす余地があるが、こちらは一瞬のことでよく注意しなければ聞き漏らしてしまう。しかしこれは、在日朝鮮人ジャーナリストが、現地で出会った日本人に対してはっきりと自らのスタンスを表明して一矢報いた数少ないシーンの一つとして、この作品のなかで重要性を失っていない。

　続く場面15（トランスクリプト省略）は、同じく「先生」の自宅が舞台だと思われるが14とは別の日に、改めて「先生」個人をインタビューしたシーンで構成されている。


## 12.　裏切られた予定調和

　場面16は、プロローグの場面と同じ卒業式のシーン。流れるやわらかなBGMの音色も冒頭と同じものだ。チョゴリを着た李慶子さんが、式場の外で多くの人から祝福を受け涙を流すシーンに重ねて、梁さんのナレーションが続く。「本当の名前、色鮮やかなチマチョゴリ、これらは彼女らがやっとの思いで辿り着き、手にしたものです。／本名を名乗るということは、キョンジャ達にとって決してゴールではありません。むしろ、就職や結婚など、さまざまな問題に直面していく出発点かもしれないのです。それでも最後まで、自分の意思で、しっかり歩いていってほしい」。そして最後に「キョンジャ、がんばって」というセリフで締め括られる。

| A | B | C | D |
|---|---|---|---|
| 【場面16. 卒業式（1. と同じ）】<br>卒業式。この日、チマチョゴリの卒業生は五人いました。<br>出会いから半年、自分が韓国人であることに戸惑い、本名を隠していた李キョンジャさんは、この日、わたしが成人式の日にきた思い出深いチマチョゴリを着てくれました。<br>本当の名前、色鮮やかなチマチョゴリ、これらは彼女らがやっとの思いで辿り着き、手にしたものです。<br><br>本名を名乗るということは、キョンジャ達にとって決してゴールではありません。むしろ、就職や結婚など、さまざまな問題に直面していく出発点かもしれないのです。それでも最後まで、自分の意思で、しっかり歩いていってほしい。<br>キョンジャ、がんばって。<br><br>28:20 | | 字幕　2月26日卒業式<br><br><br>BGM（ピアノ） | |

　これで終われば、いわゆるきれいな終わり方となっただろう。しかしこのあともう一場面がつけ加えられることで、この作品全体の印象もいささか異なってくる。場面17は制服姿の李慶子さんと1対1で梁さんがインタビューしているシーンで、相変わらず打ち解けた調子で進んでいく。ここで梁さんは、卒業後進むことが決まった専門学校にも本名で行くかどうかを李さんに問うている。以後、画面がフェードアウトするまで、梁さんはちょっと相槌をはさむ程度で、生徒のほうの逡巡の様子を伝える語りがずっと続く。詳細はトランスクリプトを参照願いたいが、一方で彼女は「名前は一つ」「（通名は）なんか偽造しているみたい」と口にするが、大半は、親しい同胞の生徒の固有名を何人もあげ、誰々も誰々も誰々も通名に変えると言っていた、とか、誰々とか誰々はこうしたらいいんじゃないかと言ってたといった話、いわゆる"he-said-she-said"式のトーク（Goodwin & Goodwin 1991）に終始している。その後彼女がどうなったかは、無論知るすべもない。しかしこの語りのストラテジーは、他者

| A | B | C | D |
|---|---|---|---|
| 【場面17. 李慶子さんへのインタビュー】 | | | |
| | 専門学校決まったよねー。 | | 李：うん、決まった。 |
| | その専門学校も本名で行く？ | | 李：いちおう、そうやねん、それが問題やってん。あのね、あのー、＊＊ちゃんとか、＊＊＊＊とか、あのー＊＊＊＊＊とかに聞いたら、もう通名に変えるっていっとって。うーん、あーそっかーって。もう市尼は暖かい場所やから、こうやってすくすくこうやって、キョンジャキョンジャーってみんな暖かかったから行けたけど、でもかと言って、 |
| | いつものびのび出くるし | | 李：うん、外に出たらーやっぱり厳しいし、でもかと言っていま通名に変えんのもー |
| | またしんどなんでー | | 李：うん、と思うねん。もーこんな行ったりきたり、行ったりきたりって、名前って一つなのに、ほんまは、またなんかー偽造してるみたいな、嘘のまたいつわりの名前を使うんかなーって。 |
| | エネルギーも、疲れるよな、使うよな。 | | 李：うん、しんどい。ほんじゃあ、あの、＊＊＊＊とか、＊＊＊＊＊とかが、あと＊＊とかも、一応通名にして、あとからほんじゃあ本名にすればいいやんっていって、それも変じゃないかなーって思ってん |
| 29：40 | タイトルバック<br>共に生きる明日「揺れる心：在日韓国朝鮮人・二つの名前の間で」終<br>著作・製作NHK大阪 | | |

に対して煙幕をはり、自己表明をぼかす類のものとも解釈できる。高校卒業とともに、あれほど親密さが深まった梁さんとの間に、少しずつ微妙な距離があき始めたということなのか。漠とした両者の「別れの予感」を筆者には感じさせるエンディングである。しかし、梁さんと李慶子さんとの関係性について言えば、作品の後半部を費やして卒業式の場面まで積み上げてきた「親密化の物語」よりも、この最後のシーンにほのめかされた「予感」の方に、筆者は強いリアリティを感じる。

## 13.　後日譚——1998年

　この作品の２年後、韓国の映像スタッフによって『本名宣言』と題するドキュメンタリーが作られた。同じ学校の同じ取り組みを取材したものだが、本章で分析してきた先行作品を強く意識したものとなっている。それが何より如実に現れるのが、本作品の主要な登場人物である李慶子さんと本田俊二君の、高校卒業から２年たった姿を「追跡取材」しているところだ。映像ではまず、工場労働者として働いている本田君が映し出される。髪を染めた本田君は、高校生のときよりずっと精悍さが増していてもう完全な一人の大人だ。自室と思しき場所でのインタビューで彼は、高校卒業直後に日本国籍に「帰化」したことを明かし、いまはもう本田俊二が自分の本名だと語る。日本語で語る本田君の映像に重ねて、ハングルの字幕が次から次に現れては消える。

　次に、李慶子さんへのインタビューシーンに切り替わるはずなのだが、画像はなぜか街の平凡な風景を写し続け、動こうとしない。そのシーンに重ねて音声が入る。映画製作のスタッフが、李慶子さんに留守番電話を入れている声だ。「先日お約束した取材チームです。いま家の近くまできております。もしもインタビュー取材が嫌だというのであればそれで結構ですから、待ってますのでこちらまでお電話下さい。電話番号は＊＊＊＊＊＊＊」といった主旨の、流暢な日本語だ。やはり画面にはハングルの字幕が続く。やがて風景が夜のものに暗転し、BGMが始まる。それに重ねて韓国語で次のような意味のナレーションがなされる。「３年前に本名宣言したイキョンジャは、結局、約束の場所に現れなかっ

た。中村慶子に戻った彼女を待っていながら、わたしは『選択』という言葉について考えた。二つの名前とその間に置かれた大阪の子どもたち。彼らが置かれた状況は果たして『選択』と言えるのだろうか」。

## 14. 後日譚2——1997年秋〜1999年春

あれほど盛り上がったハングル教室も、中心メンバーの一人がソウルに留学に行くことになったのを機に終息していった。ちょうどそれとときを同じくして、わたしはある小学校にほぼ毎日のペースで「フィールドワーク」に入り始め、夜も忙しくなって出席が滞りがちになった。この「フィールドワーク」は、わたしが当地で繰り広げてきた失敗が一つの形をとって極限まで煮詰まったようなものだった。それは約半年続き、1998年3月に終わる。その頃からハングル教室の誰ともわたしは会わなくなり、それまでメンバーから結構可愛がってもらっていた「マダン」実行委員会からも、ふっつりと足が遠のいた。「先生」とも二年前に学校を訪ねたきり没交渉のままであったし、もとよりこのドキュメンタリーのことは忘却の彼方にあった。そうして一般理論・学説の渉猟に没頭し始めた。ちょうど、非常勤講師としてはじめて大学で教える機会を頂いたところで、その授業準備のためという口実だったが、それまで取り組んできた在日というテーマからとにかく逃げ出したかったのだ。ちょうど李慶子さんが、韓国からの撮影チームの取材を拒んだ頃、わたしもこのように何かを拒もうとあがいていた。

このときはじめてわたしは、文献の世界のなかに「安息」を見つけ出した。別の言い方をすれば、本に書かれた学説の言葉のなかにはじめて、自分自身のあり方を照らし出してくれ、自分の経験とがっちり結びつく一群の言葉を発見した。特に心惹かれたのは、研究者の対象への関係性を、単に現地の人とのかかわり・つきあい方のみならず、作品を書くという行為にまで踏み込んでラディカルに問い直す議論や、その背後にある一連の構築主義の流れをくむ理論・学説群だった。そうした文献に目を通しながら時折、その土地で出会いかかわった多くの人びとのことが頭をかすめた。たとえば、ハングル教室に誘っ

てくれたメンバーがいつかわたしに言った、「イチロウさんの言うことは頭では分かる、だけど心では分からない」という言葉。あるいは、一時期研究上のコラボレータであった若い在日の、「倉石さんにはどこか、深く踏み込んでいけないところがある。だから誰も、本気でかかわってこようとしないのではないか」という言葉。また調査の初期から、もっとも熱心にサポートしてくれたある小学校の先生から、「わたしが悪いんやろけど」と遠慮がちに前置きしながらも「何がしたいのかようわからん」と言い渡されてしまったこと。

　一身上の都合もあって、1999 年 3 月、わたしはこの土地をあとにした。


## 15.　本章のおわりに

　これまでおこなってきたビデオドキュメンタリーの分析結果は、きわめて複雑なものであった。一方でそれは、人びとの深層にある〈おびえ〉に訴え、在日朝鮮人問題を凝固化させ、そのことで再びおびえを強化するという構造を指摘することが、たしかに可能である。紛れもない NHK の著作・制作のクレジットが出ている番組でありながら、取材の主力部分は在日朝鮮人 2 世のビデオジャーナリスト梁英姫さんが担う。しかもその梁さんはまたしばしば、被写体となってカメラの前に身をさらす。「第二のカメラ」が作品全体の成立に大きな役目を果たしながら、梁さんとは対照的にその姿は最後まで不可視のままとどめおかれる。この二重構造が何によって支えられているかと言えば、「こうした微妙な問題にわれわれ日本人はとても踏み込むことができない、同じ立場の者でなければ理解できない」とする〈おびえ〉の論理だ。また視聴者はこの作品をとおして、梁さんが一人の在日の女子生徒と信頼を深め、親密度を増す過程を目にすることになる。これもまた〈おびえ〉の論理を強化することにつながる。結果として、多くの人びとがこの問題を敬して遠ざける事態の発生が考えられる。

　ところで、〈おびえ〉の論理を突き破るものは何か。それは当事者と「つきあう」ことだ、とよく言われる。先に書いたように作品の成立とほぼ同時期に、筆者は作品の舞台である地域の近辺に居住し、そこではじめて「つきあう」こ

との何たるかを少しだけ学んだ。それはルーマンの言う「平凡でないマシーン」が何たるかを学ぶ過程でもあった。そこには簡単な解も処方箋もない。奇しくも、つきあい相手となった在日は、作品の舞台となった高校の卒業生たちだった。だから、梁さんのカメラにとらえられた日本人生徒の、言いよどむ姿、呆然とし歪んだ表情を、それこそ「他人事とは思えない」のである。

　他方でこの作品のなかには、〈おびえ〉の心性を批判的に浮き彫りにしようとするモメントがさまざまな形で存在することも、これまで明らかにしてきたとおりである。特に場面6は、その役割を在日朝鮮人の梁さんだけでなく、ホームルームで「吼えた」日本人教師に担わせている点で注目されるものであった。在日朝鮮人生徒の本田君が示した強固な名のりへの拒絶の反応は、下手をすれば〈おびえ〉の論理を強化させかねないものであった。しかし教師は動じず、そのままならなさをむしろ「つきあい」の地平として受け入れるよう日本人生徒にうながした。この姿こそ、われわれが第2章でルーマンに導かれてたどり着いた結論、包摂の作動に至る一歩手前で、ままならなさとの和解が現場レベルで達成される瞬間を映しとったものではないだろうか。

　付記　韓国語ナレーションの意味は、東京外国語大学大学院修士課程の李玉守さん（2005年当時）からご教示いただいた。記して感謝する。また本章で使用した映像データは、藤原史朗先生の定年退職を記念して頒布された映像集『チョゴリと本名と』（VHS、DVD）に収録されたものである。

## ❖ 註

1　詳しい経緯は拙著（倉石 2007）を参照のこと。

**第4章**

# 創発的包摂の教育小史
──「必要の政治」を主題とする三つの事例から

## 1. 本章のはじめに

　言わずもがなのことと思いこれまで明示的な論及を避けてきたが、〈包摂と排除〉の同心円モデルには致命的な欠陥がある。包摂「される」側の主体性が看過されているという問題点である。いやそもそも包摂という営為は、断じて「される」ものでなく、マイノリティの側が主体的に「する（成す）」ものではないか。こう考えたのが、この章で参照する（G・ビースタに媒介された）J・ランシエールの議論である。この前提に立ってこの章では、戦後日本において教育をめぐる「必要の政治」が主題化された三つの闘い──教科書無償闘争、障害児の普通学校就学闘争、民族学校卒業者の大学受験資格要求闘争──をとりあげ、主体的営為としての包摂すなわち創発的包摂について検討する。

　ところで排除／包摂と教育とのつながりをめぐっては、一つの厄介な問題がある。就学義務体制を根幹とする近代公教育システムにおいて、そもそも「外部」は存在しえるのかという問いである。もしその外部に立つことが、なんぴとたりとも許されないのが近代公教育システムなのだとすれば、これまで「排除された存在」と考えられてきた者らはどこに位置づくのか。そもそも「排除」されるとはどういうことなのか。第2章でとりあげたルーマンはこの問題と格闘し、一つの答えを出したと思われる。そして本章で提示する創発的包摂という概念も、この問いへの一つの解答だと考えたい。

## 2. 創発的包摂とは何か

　本章でかかげた創発的包摂というのはわたしのオリジナルな概念である。しかしそのアイデアの源泉は上記のように、教育哲学者ガート・ビースタが、民主主義をめぐる政治哲学者ジャック・ランシエールの所説に依拠しながら展開した議論にある。まずそれをここで紹介したい。

　ビースタの出発点は、「包摂とはより多くの人びとを既存の秩序に引き入れること」（Biesta 2010: 124=2016: 177）であるという前提への挑戦にある。このような旧来の包摂の捉え方の問題点は、それが「他者に対してなされる何か（something that is doing to others）」（前掲: 125=178 強調は原著）と考えられ、秩序そのものは包摂の結果何の変容もこうむらないと考えられている点である。ビースタはランシエールにならってそれを「帝国主義的拡張（imperialistic expansion）」（前掲: 124=177）と批判する。そうではなくかれらが主張する包摂は「人びとが自分たち自身にしかおこないえない何か（something that people can only do themselves）」（前掲: 125=178）である。この包摂の主体が「以前は存在していなかった特定のアイデンティティを伴ったグループ」（前掲: 122=174）として自己を創造する、としている点は極めて重要である。そもそもビースタ＝ランシエールが捉える秩序とは、いわゆる被差別者も含めて全ての者が何らかの地位、役割、身分をその内部に持ち、その点で「全包摂的（all-inclusive）」（前掲: 120=172　一部訳文変更）なものである。興味深いのは「皆がその秩序の運営のなかに含まれ…誰もその秩序から排除されない」（前掲: 120=172）という部分だ。ここには包摂のなかにすでに排除が宿されているという本書のアイデアが共有され、また排除は包摂から生まれる（表裏一体である）というルーマンの視座とも共通点が見出される。

　そうした秩序に割け目を入れる実践が、わたしのいう創発的包摂である。その主体は、ビースタ＝ランシエールによれば、秩序の側からマイノリティとしてまなざされたことさえない、生成的外部とも言うべき存在である。「要求する人びとは、現存する秩序に単に包摂されたいわけではない。つまり彼らは、新しいアイデンティティ、すなわち、新しい行動の仕方や存在の仕方が可能に

なり、そして『勘定に入れ』られるような方法で、秩序を再定義したいのだ」（前掲：123=175　強調の傍点は原著による。一部訳文変更）。だから「排除された一部を既存の秩序に包摂するプロセスではなく、むしろその秩序を平等の名の下に変形させること」（前掲：123=175　一部訳文変更）こそが民主主義なのである。

　ここまでの、既存の秩序により多数の他者を取り込むのでなく秩序を「中断」させ変形させるものとしての包摂、また「中心から発生して周縁に広がるプロセス」（前掲：122=175）ではなく外側から、それも「知られていない外側」から起動されるものとしての包摂、というビースタ＝ランシエールの議論は、同心円モデル的思考に対する最も仮借ない、雄弁な批判であることは明白であろう。それは、政府・地方自治体など行政機関主導による合理的な社会政策のあり方を探究する、テクニカルに流れがちな議論の傾向を厳しくいましめるものでもある。また包摂を「散発的なものとして、すなわちときどきそしてきわめて特定の状況においてのみ『起こる』何か」（前掲：119-120=171 強調は原著による）として捉える姿勢は、その一回性・歴史性を重視するものであり、人びとが発する草の根の「必要の声」に耳を傾ける社会史的アプローチを要請するものである。


## 3.　議論の補助線──「必要の政治」と「20世紀シティズンシップ」

　70年を超える戦後教育の長いあゆみのなかで、人びとは教育のあり方をめぐって未だ十分に満たされない「必要（needs）」を自覚し、それをときに行政権力に、また広く社会に対して訴え、苦闘の末になんらかの成果をかちとってきた。本章では特に、社会のなかで周縁的立場にあるためにその声が届きにくく、しかしその立場性ゆえにその「必要」が一層切実であるようなマイノリティの人びとに焦点を合わせる。これらの人びとが担ってきた実践を「必要の政治」と捉え、いくつかの事例の解読を通じて戦後教育の歴史像に一つの展望を与えることをここでの目的とする。
　ここで「必要の政治」という聞き慣れない用語を持ち出す意図を一言述べて

おきたい。本章でとりあげる事例もそうだが、「必要の政治」の実践の多くは、親密圏をベースとした個の単位での欲求に根ざしている。もっと言えば、かなり素朴に思えるような、「我が子」や「我が身」への思いに端を発している。しかしここで見落としてならないのは、一見まったく「自然」な情緒の発露のように思えるそうした現象も、じつは大きな歴史的・政治的文脈のなかで発生しており、そうした文脈からエネルギーを汲みとり、またこの大文脈に参加しているという点である。このように個に還元できない社会的・共同的次元を捉えるために、いろいろな補助線を引いていきたいと思うが、「必要の政治」とはこうした本章の基本的スタンスを表明する概念である。

　さらに本章の立場を、これまで検討を重ねてきた〈包摂と排除〉の問題群との関係を軸に述べておきたい。「必要の政治」の系譜を探ろうとするこの試みの根底に当然あるのは、現代世界を生きる人びとの生存や生活が脅かされている厳しい現実への認識である。順調な経済成長に裏打ちされ、完全雇用と「日本型福祉」を両輪として機能してきた生活・社会保障システムは過去のものとなって久しい。グローバル化経済、新自由主義体制のもとで、貧困の顕在化や格差の拡大が進行している。そしてこうした影響が学校教育の現場におしよせ、教育における不平等や排除が大きな問題となっている。教育をめぐる「必要の政治」はこうした状況下で、まさに今も熱く渦巻いている。社会政策論を出自とする排除／包摂概念が注目を集めているのは、それが、こうした切実な「必要」に政策的、実践的な応答を試みるものだからである。だがここで少し立ち止まりたい。格差や貧困問題の大もとには、消費と選択のロジックに人びとをまきこむ新自由主義の社会編成原理がある。その一方で「包摂」のなかでしばしば言われる「個別のニーズ充足」の発想自体が、人びとの私的欲望と共振する新自由主義と紙一重の関係にある。テクニカルな政策概念である包摂ではこの危うい構図を記述できない。一見バラバラの個人に根ざしたように思える「必要」の、根源的な共同性・社会性を探り当てようとするには、現状の包摂概念（特に同心円モデルで表現される素朴で日常知、常識に近いそれ）はあまりに無力だ。そこで本章では補助線として、20世紀シティズンシップとその拡張という捉え方を導入したいと思う。

　シティズンシップが「現代におけるもっとも重要な政治的理念の一つ」
（Faulks 2000／邦訳: ⅲ）であることには疑いの余地がない。だが今日、教育に
たずさわる者もふくめて多くの人びとが、非常に多様な意味をこめてシティズ
ンシップ概念を用いており、議論を進めていく上で一定の交通整理が必要であ
る。

　シティズンシップとは広義には、ある集団に帰属するのにともないメンバー
に発生する権利と義務の束を意味する。またメンバーシップそのもの（たとえ
ば国籍）を指す場合もある。いずれにせよそこで想定されているのは、集団の
営みに十全に参加するフルメンバーである。しかし本章で主題化しようとして
いる「必要の政治」の担い手は、必ずしもそうした立場の人びとではない。た
とえば障害者、あるいは被差別部落や外国につながる人びとをクローズアップ
しようとするとき、この定義のままではいささか不都合である。そこでここで
は、「人びとがそのつど、生きる現場から切実に発せられる必要（needs）の充
足を求める声が聞き届けられ、それが一つの権利へと昇華される」ことをもっ
て、シティズンシップの実現／拡張と捉えることとする。こうした捉え方に
は、一定の歴史認識が含まれている。それは、おおむね 20 世紀の幕開けとと
もに、教育や福祉をふくむ「人びとの生活の質の保証」に国家をはじめとする
公権力が積極的にかかわり始め、シティズンシップをとりまく歴史状況が新た
なステージに入ったという認識である（橋本 2013）。20 世紀に成立する新秩序
には、総力戦、全体主義、監視・管理社会といった暗く暴力的な影がつきまと
うが、そこではられた総体としての生活の質の向上が、結果的に社会の周縁
のマイノリティ集団にまで恩恵を波及させたという面もある（中野 2015）。本
章が 20 世紀シティズンシップという用語を使うゆえんである。

　シティズンシップに関する議論に明快な見通しを与えてくれるのはやはり、
英国の社会学者Ｔ・Ｈ・マーシャルの古典的業績『シティズンシップと社会的
階級』だろう。マーシャルによればシティズンシップは、イングランド史の展
開のなかで、以下の三段階に示されるように重点を移動させながら発展してき
たという。

　第１段階＝ 18 世紀…市民的権利。たとえば財産権、発言の自由、人身保護
　　　　　　権など

第2段階 = 19世紀…政治的権利。たとえば投票権、選挙権、被選挙権
　　　第3段階 = 20世紀…社会的権利。最低限の経済的福祉と社会保障。その後
　　　　　　拡大。

　このうち最も重要なのが、三つ目の社会権である。前二者が、法の下での平
等や機会の均等などあくまで形式的なレベルにとどまり「社会的不平等に対し
て直接的な影響を及ぼすことはほとんどなかった」（Marshall 1950=1993: 59）の
に対し、最後の社会権だけは異なっていた。それは最低限の生活保障を掲げて
おり、その目標達成のために敢えて、従来アンタッチャブルであった私的とさ
れる領域にまで踏み込んでいった。たとえば私的領域の極みとされた企業内に
おいて、団結権が確立し労働条件の改善や賃金の交渉が可能になったこと、い
わゆる産業シティズンシップの確立はその最も輝かしい成果かもしれない。

　このようなマーシャルの議論に対しては、シティズンシップの担い手とし
て「成人イングランド人異性愛男性」が想定されている等の批判が数多く寄せ
られてきたことは言うまでもない。本章の「20世紀シティズンシップ」の概
念はマーシャル本人よりも、こうしたマーシャルの限界を踏まえつつその射程
を自身のアメリカ社会史研究のなかに昇華させた、中野耕太郎の研究に多くを
負っている。世紀転換期から革新主義期、第一次大戦をへて1920年代までを
射程とする議論のなかで中野は、マーシャルの段階説が概ねアメリカにも該当
する点を評価する。特にポイントとなるのは、産業資本主義の発展による過酷
な収奪や貧困の亢進、階級間矛盾の激化といった世紀末の秩序の揺らぎを受け
て、個人と全体社会の間に「社会的な the social」領域が発見されたことであ
る。この「社会的な領域」に光が当たることでようやくこの国で、貧困や失業、
富の不平等が社会問題として「発見」されることとなる。また中野の議論で見
落とせないのは、社会的なものの発見とともに、個人と国家との中間に位置す
る諸々の社会集団として、階級や人種・エスニック集団がクローズアップされ
たことである。これ以後、社会権＝シティズンシップ追求の主体あるいは社会
政策の想定対象の単位として、これらの社会集団は重要な役割を担い続けてい
く。本章の事例研究において、部落や在日朝鮮人に目配りするのもこの視点に
学んだものである。

　なお、普通いわゆる「教育を受ける権利」は社会権に分類される。つまりは

マーシャルの枠組の第三段階に位置づけられる。しかし公教育の思想的萌芽は
すでに18世紀末の市民革命とともにめばえているし、たとえば米国ではコモ
ンスクールの普及と男子普通選挙制度はともに19世紀前半の事象だ。そう一
筋縄ではいかない。だが本章で扱う「必要の政治」はやはり、学校が、就学
義務が果たされる形式的な場のみであることをやめ、自らの内に「社会的なも
の」を自覚した人びとによる、つまり社会集団の一員を任ずるエージェントに
よる利害が火花を散らすようになってはじめて、その姿を現すようになったも
のと考えてよいだろう。その過程を解釈する概念として、「20世紀シティズン
シップ」が最もふさわしいと思われる。

　戦後日本では、連合国軍占領下で制定された諸制度を枠組みに、20世紀シ
ティズンシップの実現化、すなわち社会的レベルでの平等や生活保障の探求が
さまざまな領域で同時進行した。教育界の事象にも、そうした動向が反映して
いる。いや、六三制を柱とする戦後教育改革そのものが、シティズンシップ実
現過程の中核を構成するものだったと述べた方がよいだろう。だが、大きな流
れをつかむ意味ではそれで良いとしても、仔細に歴史の流れに目をこらしてい
くと、必ずしも理論どおりスッキリと解釈できないのだ。なかには、マーシャ
ル理論的には19世紀、いや18世紀にはかたが付いていなければならない問題
が争点になった場合もある。

　以上の問題意識にかんがみ、以下では「必要の政治」への視点を刷新し、そ
の豊かさと広がりを視野におさめるべく、20世紀後半の日本における三つの
事例をとりあげる——①高知・長浜の教科書無償運動、②金井康治君の就学闘
争、③民受連（民族学校出身者の受験資格を求める連絡協議会）の挑戦、以上で
ある。この三者は領域こそ異なるが、いずれにおいても教育において排除や差
別を受けた当事者から切実な声があげられ、各層を巻き込んで大きなうねりに
成長し、教育史上決して無視しえない足跡を残したものである。これらの事例
を通じて、一筋縄ではゆかない20世紀シティズンシップの実質化過程に光を
当てていきたい。

## 4. 教科書無償闘争 (1961 ～ 63 年)

### (1) 問題の背景

　教科書無償闘争のキモが義務教育の無償をめぐる問題であることに異論の余地はないが、義務教育の無償そのものは戦後体制あるいは新憲法の専売特許ではない。その淵源をたどれば、はるか 1900（明治 33）年の小学校令改正まで遡らねばならない。日本の公教育において、20 世紀の開幕と同時に、授業料徴収停止に限ったかたちではあれ無償化措置がスタートしたことは、「20 世紀シティズンシップ」を考える上で何か暗示的である（ただし「保護者貧窮」を理由とする就学猶予・免除は、1941 年国民学校令まで生きていた）。また戦後期に展開する教科書無償化のプロセスをめぐっても、押さえておかねばならない点がある。ここで詳述する高知市長浜を舞台とする闘争が、無償化を求める「必要の政治」の嚆矢だったわけでは決してなく、京都、舞鶴、大阪などでそれに先んじて運動が展開し一定の成果を既に挙げていたことがまず一つである。いずれも被差別部落を背景に運動が展開されたものだった（鈴木・横田・村越 1976）。長浜の事例も、地区内の被差別部落の親たちや部落解放運動体が闘争において重要な役割を果たした点で、この系譜に位置づけられるものである。

　さらに念頭に置くべきは、1950 年代における政府による無償配布のことである。じつは 1951 年から 3 ヵ年にわたり、小学校の新入生のみを対象に、算数と国語の教科書という限定したかたちで、教科書の無償配布が全国で実施されていた（村越・吉田 2014-2016）。54 年度以降無償配布はおこなわれなくなり、その後 1956 年 3 月に成立する「就学困難な児童のための教科用図書の給与に対する国の補助に関する法律」を根拠に、貧困児童のみを対象とした福祉施策としての無償配布にシフトしていた。だがこうした限られた形とはいえ、全国的な無償配布が一時期おこなわれたという「既成事実」は、逆に重い教育費負担にあえぐ現状とのコントラストを際立たせる効果を発揮し、長浜における闘争の成り行きに影響を与えた可能性がある。当時、公費で運営される学校という建前とは裏腹に、学用品、給食費、遠足や修学旅行といった諸経費の私費負

担に加え、多くの地域でPTA会費といった名目で保護者から相当額が徴収され、それが一部職員の給与や学校施設の修繕費などに充当されていた。公費支出は貧弱なレベルにとどまり、義務教育無償というかけ声には疑問符が付く状態であった。マーシャル的に言えば日本の公教育は、社会権としてのシティズンシップが未だ実質化されず、形式的・名目的権利にとどまる18、19世紀的段階にあったのだ。憲法二六条の力をもってしてなお、明治後期で止まったままの時間の流れを動かすことは十分できずにいた。こうして巨大な不満のマグマが、人びとの間に蓄積されつつあった。

　前兆はすでに前年の1960年からあった。高知市で開かれた「第六回四国四県母親と女教師の会」で、教科書無償の請願署名運動に取り組むことが決議され、高知県内でも活発に取り組まれた。また同年、長浜地区の部落外の母親と長浜小の女教師たちによる読書サークルが結成され、中学校の社会科の教科書をテキストに学習が始められた。このなかで憲法の学習も取り組まれ、これがのちの無償闘争の心棒となる憲法解釈を人びとの心に浸透させる契機ともなった（水田1964; 村越・吉田2017）。そしていよいよ、1961年春を迎える。この春はちょうど、新たに告示されていた新学習指導要領がいよいよ実施に移され教科書が全面改訂されるタイミングにあった。使い古したおドがりの教科書を譲り受ける、というよくある手が使えないのだ。ここに「必要の政治」の幕が開き、蓄積されていたマグマが教科書無償という一点をめぐり噴出することとなる。

## （2）経過

　前項で長浜における教科書無償闘争の前段にある背景に目を配ったのは、背景をおさえることでこの事例の特権化に一定のブレーキをかけるためであった。しかしそれを踏まえてもなお、長浜の闘争がもたらした成果は実にめざましいものであった。一連の闘争が一応の収束をみたのは1961年5月だったが、国は早くも62年3月には「義務教育諸学校の教科用図書の無償に関する法律」を成立させる。63年春から始まる教科書無償配布への道が、ここに開かれたのだった。それは、シティズンシップの観点からみれば明治後期の状態

で（1941年の国民学校令および50年代に一時期「雪解け」の気配があったにせよ）基本的に凍りついたままだった日本の公教育に、本格的な20世紀シティズンシップの到来を告げる、まことに画期的な変化だった。

　この歴史的に重要な意義をもつ闘争を読み解こうとするとき、いま一つ瞠目させられることがある。それはこの闘争で用いられた戦術、すなわち国や行政の責任で無償配布がおこなわれる日まで、持てる者も持たざる者も一律に連帯して購入をボイコットするという、そのシンプルながらも強烈な戦術だった。教科書というモノへの切実な必要を前提に一連の闘争がスタートしているわけだが、にもかかわらず敢えてそのモノへの執着を（一時的にせよ）絶つというのだ。この矛盾を糸口にしながら、きわめてユニークなこの闘争にもう少し深く切り込んでいこう。なお以下の記述で長浜地区という場合、被差別部落から通学する子どもが全体の約4割を占めた長浜小学校の他、みませ、浦戸、横浜の3小学校の校区からなる高知市立南海中学校区とほぼ同義の意味でもちいることをお断りしておく。

　「わたしたちは物乞いしているのじゃない。憲法を守れといっているだけじゃ」「PTA会費は法律違反だ。今までおさめた金を返せ」。これらは、1961年3月25日に長浜小学校講堂でおこなわれた、「教科書をタダにする会」（長浜地区住民により3月7日に結成）と高知市教委の間での団体交渉に集まった大衆から、発せられた怒号である（水田1964: 127）。少々どぎつい表現だが、ここに示されている考えは明快だ。教科書というモノへの要求はあくまで手段であり、通過点に過ぎない。そうではなく、われわれを社会権の権利主体として、具体的には教育にかかわる一切の経費について心配することなく、保護する子どもを学校に通わせる義務を安心して全うすることができる存在として自分たちを承認せよ。これが大衆団交につめかけた長浜地区の人びとの心からのメッセージであった。ところがそれと対峙した市教委側は、この声を正面からうけとめ応答することを拒み続けた。その場における政平教育長の言い分はこうだ。「義務教育無償の原則は認めます。が、市の負担能力を考えますとき、やはり買える能力がある方は買っていただく。どうしても買えない方には、準貧困者（倉石注：法律的には「要保護者に準じる程度に困窮している者で政令で定めるもの」を指す）のワクをできるだけ大幅に広げ、市教委で無償配布します」（水

田 1964: 128）。このように市教委側のニーズ解釈は、無償化要求の声をあくまで「どうしても買えない」層に狭く限定しようとすると同時に、その要求対象をモノのレベルに還元し、あくまで私的な物質的要求へと切り下げようとする性質を帯びたものだった。すなわち長浜地区の人びとはもはやそれを乗り越えていたにもかかわらず、市教委側はその要求を、ハンナ・アレント的に言うならば最低限の生物学的生の維持のための〈生命への関心〉（Arendt 1958 = 1994; 齋藤 2000）へと、矮小化しようとしたのだ。

　だがその後の闘争の経過は、長浜地区の人びとにとって苦いものだった。上記の 3 月 25 日の団体交渉を受けて双方は、4 月に入ってから教科書の販売を長浜地区においておこない、未購入の者については市の責任で無償配布することで合意に達した。市教委側にとって未購入者とは「買う能力のない者」を意味したのに対し、タダにする会側はそれを「教科書を買う意思のない者」と解釈した。つまりこの合意は、双方が自分の主張に添った都合のよい解釈をする余地のある、曖昧さを残したものだった。はたして 4 月 3 日から 2 日間にわたって教科書販売がおこなわれたが、購入しなかった者は南海中・長浜小の 2,000 名の児童生徒のうち 1,600 名にまで達した。地区の人びとの結束が固いものであることが証明された。一方想定をはるかに超える未購入者の数に色を失ったのは、市教委の側であった。「これでは到底能力のあるものがもれなく買ったとは認められない」との声明を発表し、未購入者への無償配布の約束を取り消した。タダの会はそれでも挫けず、交渉に望みをつないだが、その後は周知のように、市教委メンバーの雲隠れ、市長交渉で一旦「教科書をもっていない子が教科書を使えるよう取り計らう」との確約をえるも市教委メンバーの電撃的総辞職で再度確約は白紙、その後市長も東京出張に逃亡、といった経過をたどる（水田 1964; 村越・吉田 2017）。そして再三再四の違約に直面し失意にある長浜地区の人びとに対し、高知新聞など地元メディアも手のひらを返したように冷淡な姿勢に転じる。さらに運動を妨害するべく結成された「正規の教育促進会」の活動が勢いを増し、長浜小・南海中の教師に対する脅迫やつるし上げ、運動の切り崩し、学校の廊下に構成員が押し寄せての毎日のような授業妨害などが繰り広げられ（水田 1964: 148）、運動側は厳しい局面に立たされ追い詰められていくことになった。

こうしためまぐるしい闘争の影で、この問題の「隠れたもう一つの主役」である文部省（現文部科学省）をまきこんだ重要な動きが進行していた。長浜の教科書不買運動に直面した高知市教委は、ひそかに文部省にこの件を照会していたのだ。それに対して内藤初等中等教育局長からよせられた回答の趣旨は、「憲法二六条に定められている義務教育無償の原則は、授業料の不徴収というもので、児童生徒に教科書を無償で支給する法律上の義務を負うものではない」だった。この文部省の回答に加え、早稲田大学教授吉村正の「教科書代や給食代は“無償”のなかに含まないと解すべきだ」との論が「定説」として大々的に紹介された（水田 1964: 145-146）。こうしたなりゆきは、タダにする会側の立場を著しく不利にするものであったことは勿論である。だが同時にそこには、タダにする会の主張に当初含まれていた、社会権の権利主体として承認を求める要求を完全に無化し、教科書というモノに限定された物的要求へと論点を切り詰めようとする「ニーズ解釈の政治」の存在をみて取ることができる。当初の意図では、教科書というモノはあくまで問題の糸口であり、一つの突破口という位置づけであったはずだ。しかし行政の厚い壁に直面し、闘いが厳しさを増すにつれ、「憲法の義務教育無償規定に教科書は含まれるのか？」という一点に問題が絞り込まれ、運動側もその動きにのみこまれていった。教科書というシングルイシューをめぐって闘う立場に、自らを限定せざるをえなくなっていったのである。

　「正規の教育促進会」はその攻勢を強めるなかで、遂には「部落差別をろこつに逆用宣伝する」という「彼らの常套手段」を使い始める。地元のラジオ放送（ＲＫＣ）で座談会を開き、「あれらあ 300 万おるというが、われわれは 9,000 万いる」という差別放送を、高知県下に流したのである（水田 1964: 149）。これは、被差別部落と部落外の人びととの連帯の上に成り立っていた運動に、分断のくさびを打ち込もうとする策動に他ならなかった。そしてこの言動もまた「ニーズ解釈の政治」にコミットするものであった。すなわちそこでは、タダにする会による「必要の政治」を、生活困窮者の密度の高い被差別部落の人びとによる私的な物質要求へと切り詰め、矮小化することがもくろまれていた。

　このように状況が泥沼化するなかで、学校で学ぶ子どもたちもまた動揺を深めていた。長浜小学校の教員たちは当初からタダにする会の運動を全面支援し、

無償配布がかちとられるまでは教科書を使わずプリントを用いた授業を続けていた。しかし膠着状態が長引くなかで次第に、こうした形態を続けることに疲労の色を濃くしていた。また闘いから離脱し教科書を買う子どもも次第に増え始め、併用を認めざるをえなくなった。上述のような「促進会」による連日の嫌がらせも加わり、教育現場の疲弊は深まるばかりであった。

　こうした状況をみかねた市議会革新議員団が、ついに斡旋に乗り出す。5月半ばになって市教委は、「全市のボーダーライン層を調査した結果、国のワクだけでは措置できないことがわかった」として、市単独で250人程度無償のワクを追加し、長浜地区ではさらに上積みして、前年度の5倍の「二〇〇人を準困家庭とみて無償対象とする」案を出してきた（村越・吉田 2017: 189）。タダにする会にはなお相当の議論があったが、この斡旋案をついに受け入れた。「市教委案を受け入れる。しかし、われわれは権利として受けとったものと確認する」という声明に、タダにする会側の精一杯の矜持があらわれていた。奇しくもこの落としどころは、「買える能力がある者は教科書を買い、どうしても買えない者のみ、準貧困者のワクを広げて無償配布の対象とする」という、3月25日の団交での政平教育長の提案とほぼ同趣旨だった。すでに述べたようにこの案には、双方に都合のよい解釈をする余地があり、そのことが大きな禍根を生んでいったのだが、皮肉なことにその曖昧さが最終局面で、敗色濃いタダの会のメンツを辛うじて保つ助けとなったのである。

　輝かしい成果をあげた闘争というイメージがあり、またそう語られることも多い長浜の教科書無償闘争だが、1年目の決着は運動側にとってこのように苦いものだった。2年目の1962年も引き続き闘争が継続されたが、すでにみたような経緯のなかで深く傷つき疲弊した人びとも多く、前年度のような広範な結集はえられなかった。交渉の場における高知市教委の言い分も「準困のワクを拡げる」の一点張りで、前年度と変わりばえしなかった。ただ、「いったい誰が準困の認定をおこなうのか」という住民側からの追及に対し、その任を担うとされた民生委員や教師の口から「本人が準困と申請したものを、そうでないという権利はない」「本人が一番よくわかっている」という意見が出されたことを受け、準困を申請した家庭にはすべて無償配布を認めることが確約された。こうして、前年の200人を大幅に上回る848人（小中合わせた人数）の無

償配布をかちとった（水田 1964: 167-169; 村越・吉田 2017: 219-220）。とは言え大局的な視点からみれば、「大成果」のように映るこの結果も、前年度における「ニーズ解釈の政治」の決着の延長線上に位置するものに過ぎなかった。憲法二六条の義務教育無償の解釈はいつの間にか焦点から外され、あくまで福祉施策であった困窮者対象の無償配布制度の運用問題がもっぱら争点とされたことに、それが象徴されている。翌春、1963 年度入学の小学校１年生から、国による教科書無償配布が順次開始され、運動としての無償闘争には幕が下ろされていく。

## （3）長浜の闘争にみる創発的包摂

　ここまで高知市長浜地区の教科書無償闘争の背景と経過を述べてきた。まとめにあたる本項では、この事例のもつ意義を、「必要の政治」「20 世紀シティズンシップ」「創発的包摂」といった本章独自の視角から明らかにする。

　あらためて経緯をふりかえって気づかされることは、この闘争がもつ二つの特徴とその間の複雑で微妙な関係である。第一の特徴は、教科書というモノをシンボルに掲げながらもあくまで憲法二六条に定めた義務教育無償の実質化を主張の核にすえ、公教育の領域におけるシティズンシップ拡張を要求する運動だったという点である。そして第二の特徴は、被差別部落や部落解放団体の人びとを強力なコアとしつつも、中流層まで含む広範な部落外の住民との共闘関係を築きあげていったことである。

　まず、第一の特徴からみてみよう。シティズンシップ拡張という視点からすると長浜の闘争を、1950 年代に京都市田中地区や大阪市日之出地区といった被差別部落を舞台に展開された闘争の系譜上に位置づけることが可能である。これらについては先に、教科書無償闘争の先行例として言及したが、そこで要求されたのはひとり教科書無償だけではなかった。たとえば後者の事例で部落解放同盟大阪府連があげた要求項目は、給食費の免除、教科書・学用品の無料支給、旅行・遠足の費用を補助または支給することに加え、教員の定員増、学校に就職指導主事をおくこと、部落の青少年を近代産業に就職させること、補習教育をおこなうことなど、広範な内容をカバーするものだった（鈴木・横

田・村越 1976: 194）。この幅広いリストからうかがえるのが、単に義務教育として法的・形式的に宣言されたに過ぎなかった社会権としての教育権に、実質を与えようとする志向であることは論をまたない。だがそれだけでなく、安定した経済生活（職業生活）につながる不可欠のパーツとして学校教育を捉える部落の人びとの視座がここに読み取れるのが興味深い。長浜の闘争における憲法二六条への言及は、こうした「必要の政治」に、より洗練された表現を与えるものであった。他方、第二の特徴である部落外の人びととの広範な連帯の構築は、これまで再三述べてきたようにこの運動が、ただ単に生活困窮者の欠乏に根差したものであるのでなく、無条件に何人にも保障される権利として、教科書無償をはじめとする教育費の実質的無償を求めるものであった点と深く関連していた。そこで争点とされたのは、ある政治的共同体の構成員に無条件に与えるものとして構成されたマーシャル的シティズンシップであったとも言える。何人をも排除しないこうしたユニバーサルなシティズンシップを賭けた闘争であったからこそ、部落の内外を問わない広範な結集がおこなわれたのだと言える。

　このように、第一と第二の特徴はロジカルなレベルでは互いに他を必然とし、順接的につながり合うようにみえる。しかしながら実態としてはそうはならなかった。大阪・日之出地区で闘われたのは、教科書だけでなく学用品から給食、遠足・旅行、さらに職業世界との接続保障にまで及ぶ、学校の全領域をトータルで問題化し社会権の実質化と存在承認を要求するオールパッケージ型闘争だった。「20 世紀シティズンシップ」の項で言及した中野耕太郎のアメリカ研究が示唆するように、シティズンシップの実質化に人びとのまなざしが向くとき、そこにともなうのは「社会的な領域」の発見、すなわち階級や人種・エスニック集団といった中間集団の意識へのめばえである。この指摘が日本の事例にもあてはまる。だからこうした社会的アイデンティティにめざめた運動が、教育費の私費負担にこれまで耐えてきた中流階級の「必要」と結合することは、たとえそれがユニバーサルなものを理念として掲げていたとしても、実際にはむずかしかった。ところで長浜の闘争においては初めから、分かりやすいシンボルとして「教科書をタダにする」が掲げられた。さらに行政とのすくみ合いから膠着状態に入り闘争が泥沼化するにつれ、いっそうシングルイシューとし

て教科書問題だけが突出することになった。皮肉にもこうした構図の固着化が、部落外の中産階級の人びとも参加した枠組みを壊さず、維持することに与ったのではないだろうか。オールパッケージ型闘争であれば二の足を踏み、連帯しようとしなかったかもしれない人びとまでをも結集できるギリギリの線が、教科書というモノであったというわけである。この連帯の構図は、ビースタ＝ランシエールを手がかりにした創発的包摂概念の定式化において論及した、「新しいアイデンティティの創出、新しい秩序の再定義」という部分にかかわっている。アレント風に言えばそれは、部落／一般、もつ者／もたざる者といった従来の秩序区分を揺さぶり、無償の義務教育を受けるという権利の主体として世界に「あらわれ」ようとする運動であったと言える。

　最後に、長浜の教科書無償闘争の意図せざる帰結について述べておきたい。教科書無償闘争に対するこれまでの戦後教育学の通説的扱い方は、一言でいって非常に冷たいものだった。「教科書統制は、教科書無償法をてこに、教科書会社を通してさらに採択の面からも強化された」（大田 1976: 276）という記述に代表されるように、国家による教科書の内容の介入・統制強化の呼び水となったことへの、どちらかと言えば非難めいたまなざしが一般的だったのである。こうした評価にわたしは同意できない。国の教科書政策はそれ独自で批判の対象とされるべきであり、教科書無償闘争があたかもその先棒を担いだかのような捉え方は、事実認識として誤っていると考える。だがこれとは少しちがった角度から、意図せざる帰結について論ずることは必要かもしれない。無償配布以前と以後で大きく変わったのは、教育負担を学校と家庭で分かち合うときの比重である。端的に言って宿題や家庭学習は、教科書がゆきわたりそれを毎日家に持ち帰ることができなければ成立しえない。無償配布後、その成立条件がユニバーサルに整った。つまり学校での学習活動をサポートしたり、学校でまかない切れない分を下請けする機能を家庭に負わせたりする条件が、整ったわけだ。この問題はこうした限定を超えて、今日のハイパーメリトクラシー社会の「家庭教育の隘路」（本田 2008）に通じる部分もあるかもしれない。この点については次の補章で、教科書というモノがあまねく全ての子ども・家庭にゆきわたることが可能にした事態をめぐって、「教育総動員体制」という概念を打ち出してその帰結を考察したい。

　これまで論じてきた高知・長浜の教科書無償闘争は、万人に無条件に保障すべきシティズンシップの拡張をめぐる争いであった。闘争のなかで重要な役割を果たした被差別部落は、20世紀後半に入った日本社会においてなお諸権利の剥奪状態に置かれており、そうした不公正な状態が闘争の背景にあった。しかしこの経緯全般を通じて、憲法に法文化された「万人に無条件に保障すべきシティズンシップ」という理念自体に疑いがはさまれることは皆無であった。マーシャルが前提とする枠組で、ほとんど違和感なく解釈できる事例であったこともその証左である。ところが、戦後日本の公教育を舞台にした「必要の政治」に目を凝らすと、こうした枠組みで捉えきれないものも存在する。そこでクローズアップされるのは、障害をもつ子どもであり、日本国籍をもたない子どもの存在である。シティズンシップをめぐる必要の政治の「範型」とも目される教科書無償闘争の相対化をはかり、なお汲みつくせない豊かさと広がりを示すために、次の事例の検討に進もう。

## 5. 金井康治君闘争（1977 〜 1983 年）

### （1）問題の背景

　第1章でも論じたように、近代日本においては、盲・ろう児を除く肢体不自由や知的障害をもつ障害児（以下身心障害児）に対しては長く公教育からの排除が続いてきた。1941 年制定の国民学校令においてようやく、「国民学校ニ於テハ身体虚弱、精神薄弱其ノ他心身ニ異常アル児童ニシテ特別養護ノ必要アリト認ムルモノノ為ニ学級又ハ学校ヲ編成スルコトヲ得」と規定され、ようやく方針転換が打ち出された。とは言えこの文言も実効性が裏打ちされたものでなく、戦争の激化によって空証文と化してしまった。

　敗戦後の教育改革のなかで定められた学校教育法において改めて、「保護者は、子女の満6歳に達した日の翌日以後における最初の学年の初から、満一二歳に達した日の属する学年の終わりまで、これを小学校または盲学校、聾学校若しくは養護学校に就学させる義務を負う」（中学校についても同趣旨の条文あ

り）と規定され、身心障害児を公教育の対象に含める方針が公にされた。マーシャル的枠組みで言うならばこのとき（1947年3月）が、身心障害児のシティズンシップ（社会権としての教育権）の実質化に向けた長い歩みのスタートだった。せっかく施行された学校教育法だったが、但し書きに「盲学校、聾学校及び養護学校における就学義務に関する部分の施行期日は、政令でこれを定める」とされ、特に養護学校の整備はその条件が整わないとして先送りされたからである。軽々しくもこうした一片の条文だけで以後30年間も、シティズンシップ実質化が先延ばしされた。このことから日本の障害者たちは、「万人に無条件に保障すべきシティズンシップ」という理念がいかに空虚な絵空事でしかないかを学び、「万人」のなかに自分たちは含まれないことをしたたか思い知ったことだろう。長いトンネルをへたあと、1979年春に文部省によって養護学校義務化がスタートすることで、シティズンシップの実質化がいちおう果たされた（ただし本事例の舞台となる東京都では、国に先んじて1973年度から「障害児の全員就学」をめざした施策が動き出していた）。しかし本当の意味での闘争が始まるのはこのときからだった。

## （2）経過と解釈

　東京都足立区に在住する金井康治は、1976年春に都立城北養護学校小学部に入学している。この学校は肢体不自由（脳性まひ）児の養護学校で、1970年に開校した（金井闘争記録編集委員会1987: 20）。康治は入学前からすでに、同養護学校幼稚部に通っていた。ここから1年と1学期、金井親子と養護学校との付き合いは続くが、その間母親律子のなかには養護学校に対する疑問が蓄積されることになる。それは、「二三名の少ないクラスのなかでさえも、できる子とできない子に分け…教科書を教科学習をこなせる子にだけ配布してその他の子にはおもちゃ、絵本を与え」ていたこと（前掲: 23　ただしその後全員配布に改まる）、「当番」と称して父母が給食の手伝いに動員されることを当然視していたこと、など日常の小さなエピソードの積み重ねであった。はじめ揺れ動いていた律子だが、外部のサークルで出会った人たちに自らの思いを語り・綴り、何よりも学校から帰宅した康治の様子、多くの時間が費やされる「養護・訓

練」の時間に対して漏らす不満、そして近所の友達と楽しそうに遊び戯れるさまをみるうち、転校への決心が固まっていった。康治本人の気持ちも確かめた。そして77年8月、足立区教育センターを訪れ相談員に「校区の花畑東小学校に転校したい」という希望＝生きる情況からしぼり出された「必要（needs）」を告げた。それに対して相談員は、「あんたは間違っているよ」「あんたはどうかしちゃったんじゃないの？」（前掲：33）と言い放った。

　それでも律子は区教委や学校に要望書を出し、当局も監督上位者である都教委と連絡を取り合いながら対応に動き出した。相談員あるいは専門家（医師）が康治本人に面接し診断・検査がおこなわれ、入級判定委員会が開かれた。その結論は「現在の教育措置を維持継続し養護学校への就学が適当」というものだった。その最大の根拠となるロジックは、のちのち繰り返し持ち出されるものだが「いま普通学級に転学させて、この本人にとって最も重要にして効果的と思える機能訓練の機会をうばうことは、決して本人のためにならない」（前掲：42　強調の傍点は倉石）だった。身心障害児本人のためを思って、とか本人の幸せを、というレトリックが切り札として常に多用されるのである。とは言えそう言った直後に、「本人の発達の状況並びに受け入れる現実の制度的な体制と考えあわせてみた場合、普通学級に転学するには時期が早いと判断する」（前掲：42　強調は倉石）と、財政事情に照らしたコスト問題もちらつかせている。受け入れには施設の改築や新たな人員の配置などお金がかかる、しかしあなた方のためにそんなお金は出せないというわけだ。ここに早くも、金井親子の希望を自分勝手な「私的欲望」という枠に押し込め、公的世界から排除しようとする硬直した公私の線引きが顔を出している。

　金井親子の転校希望はこうして拒絶された。だが親子は屈することなく、1978年春から花畑東小学校への「自主登校」を開始する。「足立・教育と福祉を考える会」など、少数ながら親子のこの行動を支援する人びとも現れた。康治の前に校門は閉ざされ、足立区教委職員数名がピケを張り、構内への進入を阻んでいた。康治親子とその同行者たちは一日を吹きさらしの校門前で過ごした。日差しが強い季節を迎えるとビーチパラソルの下で時間を過ごし、寒さが厳しい季節には大掛かりな黄色のテントが設置された。こうした行動に出ている間も断続的に、金井側と足立区教委・学校側との間で交渉や話し合いの場

がもたれた。教委側の言い分は基本的に、上にみたとおり転校不可、養護学校に戻れの一点張りだったが、教育論として注目されるのは「共学ではなく交流を」という主張だった。康治が正式に地域の小学校に転籍し、そこで学ぶことをもって共学と言うとすれば、かれらが提示し続けた解決案は交流、すなわち籍は従来どおり養護学校に置いたまま、行事のあるとき花畑東小学校にきて児童と触れ合う「行事交流」で、さらに授業を一緒に受けることも含む「学習交流」まで打ち出された。教委の強硬な姿勢に直面していた両親は、学習交流にまで踏み込んだ「交流」案は「段階的転校案」（前掲：107）としても解釈できるとして、一時期妥協に前向きになったが、支援者の反対もあって拒絶した。長期戦が見込まれる情勢になったことを踏まえ、1978年9月に支援諸団体を糾合して「金井康治君の花畑東小学校転校を支援する会」が結成され、本格的なサポート体制が作られていった。ときあたかも、翌春からの養護学校義務化が間近に迫り、義務化阻止運動が高揚しつつあった時期である。金井康治闘争もまた、当事者のはじめの意図はどうあれ義務化阻止運動のシンボルに祭り上げられていった面もあった。

　その後事態は膠着し、地域での「暴力キャンペーン」により金井家は孤立するなど苦しい状況が続く。1980年3月、支援する会による区役所での座り込みの抗議行動に対し区がバリケードを築くなど頑なな姿勢で応じ、これを見かねた社会党・自治労本部が斡旋にのり出す。3月15日、花畑東小での週2回の交流をおこない交流は段階的に実施する、できるだけ早く東小に転校できるよう双方が努力し話し合う、を骨子とする『確認書』が区教委と両親の間で交わされた。この交渉の過程で自主登校をやめることも約束された。こうして康治は80年4月から週4日、城北養護学校に通うことになったが、通学一日目は「もう学校の所で大泣きで、車から降りない。ぎゃあぎゃあ泣きわめいた」（前掲：231）という。この確認書を新聞各紙は「普通学校の春そこまで」などと、解決への前進として報じた。ところがここで事態の進展を阻んだのは、学校現場サイドの人びとだった。城北養護校長は「交流案」作りを急ぐ旨意思を表明していたが、校内の反金井派教師の突き上げにあってとん挫してしまう。一方の花畑東小教職員は、両親に対してまず「謝罪」を求めるなど初めから敵対的姿勢で、確認書を反故にし交流をつぶすことに邁進した。こうして1980年度

には「交流」が実現することなく、むなしい時間だけが過ぎていった。康治は城北への登校をやめ「長欠」状態になった。

　国連国際障害者年の 1981 年 3 月、母律子は再び区役所前でハンスト闘争に突入し、足立区議会正副議長が斡旋にのりだす。それは、「城北での観察ののち花畑東小で試験的学習参加をおこない、転校の是非は新たに設置する就学促進会議で結果判定をおこない判断する」といった内容だった（前掲：331）。前年の確認書の「交流」が「学習参加」に言い換えられたに過ぎないが、「試験的学習参加での観察」は花畑東小教職員の主張でもあった。しかし両親は「学習参加は転校につながるステップだ」と前向きに捉え、3 月 31 日にこの斡旋案をのむ決断をした。この結果康治は 4 月から城北に戻り、ついに 5 月 22 日から 1 ヵ月間の日程で、「学習参加」のための東小学校への通学が始まった。城北養護から康治のクラス担任の小林教諭が付き添い教員として入り、康治は 5 年 1 組の教室で児童たちとともに学ぶことになった。親子にとって四年間、夢にまでみた時間の実現だった。1 ヵ月の学習参加のあと、就学指導推進会議が開かれ、付き添った小林教諭は「普通学校で指導が可能な児童である」（前掲：390）という所見を出したがこの意見は採択されず、花畑東小側のネガティブな評価が色濃く反映された曖昧なものとなった。結局ふたたび学習参加が実現することはなかった。

　そして 1982 年春、康治は小学部 6 年生になった（78 年度に 1 日も登校しなかったため 1 年「留年」していた）。前年 6 月でストップしたままの花畑東小での交流学習をどう再開させるかがさしあたりの議題だったが、康治の中学進学問題も議論の焦点になり、交流問題は中学進学と連動していた。6 月、斡旋者から「中学校では交流はありえない、転校させるだけである」との意向が示され、教育長もそれを受け入れた。こうして金井側は斡旋を受け入れ、密室交渉のかたちではあるがついに転校の確約がかちとられたのだった。翌 1983 年 3 月 8 日に開かれた就学指導委員会肢体不自由部会で、康治の中学校進学が正式に決定した。翌朝の各紙は大きく報道した。3 月 18 日、城北養護学校の卒業式の日を金井親子は万感の思いで迎えた。3 月 23 日朝、金井家のポストに就学通知が届いた。

## （3）金井闘争にみる創発的包摂

　脳性まひという障害をもつ子どもが、地域の学校に通い地域の友だちとともに学ぶ——これだけの、ごく単純に思えることが実現するまでに、どうしてかくも膨大なエネルギーが費やされ、人びとが闘い、怒り、傷つかねばならなかったのだろうか。金井康治闘争の記録を読んでの第一の率直な感想はそれに尽きる。

　本章の枠組に従えば、障害児・者もまた、20世紀シティズンシップの実質化の流れにおいて、社会的なものの発見とともにクローズアップされてきたソーシャルグループの一つだった。そうした集団は、「万人に無条件に保障すべきシティズンシップ」の「万人」に自集団が含まれない、そのことへの自覚において集団的アイデンティティを結集し、シティズンシップ実質化に向けて立ち上がった。その意味で、高知・長浜の教科書無償闘争における被差別部落の人びとと同じく、金井康治と彼を支えた人びともまた、旧来の秩序に切れ目を入れる創発的包摂の主体として立ち上がったのである。しかも障害児・者の場合、当事者運動の発展は緩やかであり、またその存在はもっぱら福祉国家の発展による「上からの発見」という形をとっていた。そのためそこに切りひらかれた「社会的なもの」にも、権力のパターナリズムの色彩が大変色濃く現われることとなった。だからこそ、金井康治の事例が際立つのである。

　また金井康治闘争においては、教科書無償闘争と比べて当事者が地域のなかで置かれた状況は比べようもないほど孤立無援なものであった。花畑東小学校区の住民、とりわけわが子を東小に通わせていた保護者たちが金井親子に示した、むき出しの敵意は何を表象しているのだろうか。たとえば以下の発言は、1982年1月20日に開かれた臨時保護者会の場で、出席した父親金井邦次に対する出席者からのものである。「障害者の発達を考えたならば、どこの部分が立ち遅れているのか、どういう部分がやっていけるのかということが、親なら当然わかるはずです（拍手）…〔なにがなんでも普通児と一緒に〕というのは親のエゴです。そのエゴをわたしたちに押しつけるわけです」（前掲：403）。ここには「ニーズ解釈の政治」の一形態を読み取ることができる。金井親子が自主登校という目に見えるかたち（行動）で表した「必要」を、「親のエゴ」と

言い換えておとしめ無力化しようとしている。また同じ発言者は少し前にこう言っている。「障害者が養護学校に行っていることが、どうして差別なんですか。お宅の子供が歩けるようになるということも教育の一つじゃないですか。どうなんでしょう？（拍手）」（前掲：403）。この言葉もまた、金井親子の「必要」を歪めようとするニーズ解釈の一つだ。康治にとっての「必要」を、歩行にかかわる機能障害（インペアメント）の克服へと一元的に切り詰め、還元するものである。そして最後に、別の場で支援者に対してある親が放った言葉だが、「金井さんのやり方がひどい」「親の気持ちとしては（入れたい気持ちは）分からないではないけれども、もっと別のやり方をした方がよい」（前掲：269）。これらの声が言わんとするのは、康治の身体的な差異に発する個別具体的なニーズは、金井両親や支援する会が試みるように公的審議の場に付すのでなく、「別のやり方で」すなわち金井家が私的なかたちで処理するべきテーマだ、ということである。この言説が示唆する権力作用を齋藤純一は、「公共的対応を求めるニーズを家族や親族の手によって充たされるべきもの、自らの力によって市場で購入するべきものとして定義することによって、そのニーズを再び公共的空間から追放する脱・政治化の戦略」（齋藤2000: 63）と言い表している。

　この闘争の焦点となったのは、前出のとおり金井康治の身体的な差異に発する個別具体的なニーズであったが、これはハンナ・アレントの政治論における〈生命への関心〉の概念と関連がありそうである。闘争が暗礁に乗り上げ、条件をめぐる複雑な駆け引きにシフトしてしまってからは焦点から消えてしまったが、初期の頃には、養護学校でおこなわれる機能訓練は康治の身体条件に照らして本当に有意味なのだろうか、という医学・医療ベースの議論が運動の周辺でたたかわされたことがあった。一方、花畑東小への自主登校が始まったばかりの78年6月、城北養護学校でもたれた職員会において機能訓練部の見解として出された「康治君は訓練すれば今以上に発達する。しかし訓練は城北養護学校でなければできないことはない」（前掲：94）という言葉からは、立場は異なれど真摯な〈生命への関心〉を読み取ることができる。親密圏内の〈生命への関心〉に基づく政治は、アレントに言わせれば目先の生活に閉ざされた堕落である（Arendt 1958=1994）。しかしながら、金井闘争のなかで示された〈生命への関心〉には、そうとも言い切れない性質がある。「それが障害児の幸せ

につながる」「その子に合った専門的な教育が受けられる」といった言説に明らかなように、科学や専門性をタテに福祉国家が用意したデバイスへの白紙委任を迫る圧力が、障害児者やその家族の周辺にはつねに満ちている。金井闘争における〈生命への関心〉は、そうした圧力に屈するのでなく、その包囲網の突破を図ろうとすることにつながっている。

　たとえばそうした包囲網突破の戦列に加わった一人に、1980年5月に実現した試験的学習参加に1ヵ月間付き添った城北養護学校の小林教諭がいる。苦難に満ちた闘いが最後に展望をひらいたのは、養護学校のなかに、康治らの声に呼応しようとした人びとが少数ながら存在したことが、じつは決め手になったのではないか（普通学校である花畑東小からは最後まで、そうした声はただの一人からも上がらなかったが）。この両者のギャップを理解する補助線として、次の岡野八代の言葉に耳を傾けよう。「たとえば苦痛を緩和して欲しいという緊急の訴えについて考えてみよう。苦痛は決して他者とは共有しえないがゆえに、何をどのように緩和すればよいのかを理解することは、専門的な知識をもつ者でも難しい。…だからこそ、相手の具体的な要求に応えよう、相手が置かれている状況を理解しようとすれば、その者と密接な呼応関係を築かざるをえない。そして、関係性の端緒が偶然の出会いであったとしても、関係性を築く間に、互いが他の者とは取り替えのきかない存在になっていく」（岡野 2009: 260-261）。康治と養護学校との関係も偶然の出会い、それもまったく祝福されない出会いであった。だがその場からでさえも、小林教諭のように取り替えのきかない存在があらわれ、密接な呼応関係が成立した。そのとき教諭は、国が喧伝するような「専門的な知識をもつ者」として康治の前に立ったのではない。密接な関係をもちながら、それでいて他者性を排除しない具体的他者として立ったのである。

　金井康治は1999年9月11日、30年の短い人生を駆け抜け他界した。いささかセンチメンタルな話になるが、彼と筆者は年代的にいってまったく同学年に属する。当時200万人以上いた日本中の自分と同い年の仲間のなかで、彼ほどに起伏に富んだ、濃密な、波乱万丈の小・中・高校生活を送った者はいないのではないだろうか（康治は公立中学校卒業後、都立高校進学でもパイオニア的役割を果たした。金井 1988、1989を参照）。随分メディアでもフィーチャーされた

康治だが筆者には記憶がなく、存在を知ったのは死後のことであった。生きていればいま自分とまったく同い年の金井康治と、対話することがもはやかなわないことに切なさをおぼえる。

## 6. 「民受連」の挑戦（1995 年頃〜 2003 年）

　前項で扱った金井康治闘争の隠れた意味は、国民国家の枠組と表裏一体の「万人に無条件に保障すべきシティズンシップ」という理念に再考をせまることだった。いわば「20 世紀シティズンシップ」の限界が露呈したのである。そして 20 世紀最後の 20 年間の日本では、より明示的に国民国家の枠組を問い、「20 世紀シティズンシップ」の限界を示すような動きがあらわれた。その中心的担い手は外国籍をもって日本に暮らす市民、とりわけ在日朝鮮人（以下在日）であった。1980 年代は、在日の社会運動の側からみても一つの画期をなす時期である。祖国の分断と厳しい南北対立を反映し、在日組織も韓国側の民団と北朝鮮側の総連に大きく二分されていた。しかも民団・総連はいずれも祖国政府の出先機関（厳密に言えば日朝国交がないため総連の性格は微妙だが）という性格をもち、社会運動体としての色彩は希薄であった。在日社会における市民運動の嚆矢は 70 年代に神奈川県で、就職差別問題を契機に結成された民闘連であったが、そうした動きはなかなか在日社会の主流部分の動きにならなかった。そうした状況に一石を投じたのが指紋押捺拒否運動である。旧来の民族団体によって組織されておらず、新しい感覚をもつ多くの若い 2 世・3 世がこの運動に参加し、多くの日本人市民もそれに連帯した。指紋押捺は外国人登録制度（当時）の一環をなし、そこには広義の人身の自由を制限する部分も指摘されたことから、マーシャルのシティズンシップ概念に照らせばこの闘争は、18世紀の市民権レベルの確認を求める闘いだったとも言える。こうして、80 年代後半から末期にかけて高揚のきざしをみせた在日による市民運動は、90 年代に入ってからより幅を広げ、公務就労権・地方参政権などを求めるうねりが広がっていく。教育界関係では、1991 年の日韓外相会談の覚書により、公立学校教員採用の道が（任用に重大な制限があるとは言え）在日に開け、在日が言

語・文化を学ぶ民族教育に、課外学習という限定付きながら日本政府が承認を
与えたことが注目されてよい（第1章参照）。

　こうした流れのなかで、それまで在日における市民運動勢力とは比較的距離
をおいてきた総連と深い結びつきをもつ、朝鮮学校の世界からも「必要」の提
起が生まれていった。それが「民受連」（民族学校出身者の受験資格を求める連
絡協議会）の運動である（以下、水野2003、梁2004を中心に参照）。各種学校と
して長年運営されてきた朝鮮学校は、北朝鮮の学制ではなく日本の六三三制に
準じた制度設計がされている半面、日本の正規の学校体系との連絡を持たず独
自の学校体系内で教育を完結させる、という立場を公式にはとってきた。しか
し高級学校（高等学校レベルに相当）卒業後の、朝鮮大学校でなく日本の高等
教育機関への進学希望の増加は、在日青年層の意識の多様化の下で決定的な趨
勢だった。しかし国立大学（当時）に関しては、受験資格に高等学校修了また
はそれと同等の資格を所持することを課していたため、朝鮮高級学校出身者は
受験に際し、大検取得や定時制高校とのダブルスクールなどの不便を余儀なく
されてきた。こうした状態に不満を持ち不公正の解消を訴えるべく、1990年
代に朝鮮学校出身の国立大生が呼びかけ、一部の日本人学生も参加して結成さ
れたのが「民受連」であった。民受連は地道に運動を続けたが、その主張にス
ポットが当たり事態が大きく動くのは皮肉にも、2003年3月に文科省が、ア
ジア系を除く外国人学校に受験資格を付与するという「選別的条件緩和」を打
ち出したときだった。この措置には不可解な点が多く、前年2002年9月の小
泉首相（当時）訪朝にともなう拉致問題発覚との関連性が強く疑われた。いず
れにせよこの措置には内外の強い反対の声が寄せられた。筆者が当時勤務して
いた大学でも、教授会においてこの議題が長い時間をかけて議論されたことを
覚えている。結局この問題は、各大学が個別に受験資格を審査する、という決
着がはかられた。実質的には朝鮮高級学校から国立大学への門戸は少し広がっ
たとは言え、玉虫色の決着として複雑な思いを当事者に残し続けている。

　このように外国人学校出身者の大学受験資格はすっきりと解決したわけでは
なかった。それに加えて朝鮮学校は周知のように、2010年度から民主党政権
が実施した高校無償化の対象からも外され今日に至っている。また各地の朝鮮
学校がヘイト行動のターゲットになり解決の兆しがなかなか見えないなど、事

態は暗転の様相を深めている。このように事態が現在進行形で動いているがゆえ、先の教科書無償闘争や金井康治闘争のようにある程度距離をおいて分析・解釈をすることが今なお困難である。数々の「必要」の訴えがなかなか世を動かすことに至っていない一方、受験資格の問題に限って呼応する声が（不十分とは言え）起こった理由は、ことこの問題が「選抜試験」にまつわることであり、メリトクラシー原理に対して日本社会が寄せる深い信頼が、他のネガティブな要因を上回って好意的に作用した、という解釈も可能かもしれない。いずれにしても、教育の領域において、「20世紀シティズンシップ」が国民国家の枠という限界を抱え、在日のようなマイノリティの存在にとっては有効に機能しえないことを鮮明に問題提起する「民受連」のような動きが、世紀末の1990年代の日本で登場したことは重要な意義をもっている。

## 7.　本章のおわりに

　ポストコロニアル批評で名を馳せたガヤトリ・スピヴァックはかつて、「サバルタンは語れるか（Can the Subaltern speak?）」と問題提起した。この反語的問いを通して彼女が言いたかったのは、被抑圧者がその声を世界に届かせることの絶望的困難さである。本章で描いた教科書無償闘争、就学闘争、受験資格獲得の闘いに参加した人たちも、その途上でこの問いを胸中で反芻せざるをえないときがあったことだろう。わたしたちの社会にはすでに種々の民主主義的装置や仕組みを備えている（序章の同心円モデルもその装置・仕組みの一端を図式化したものである）が、こうした既存の仕組みもおそらく十分に作動しないであろうことは、事例を通して感得できるだろう。創発的包摂はそうした仕組みに真っ向から挑もうとする行為であり、ときに「正当」な手続きを逸脱し、実力行使に訴えざるをえない場合もあった[1]。本文で論じたように、教科書無償闘争や普通学校就学運動に対する教育学アカデミズムの反応が今も冷淡であるのも、そうしたスタイルへの嫌悪感の表明なのかもしれない[2]。しかし繰り返すが、同心円モデルの牢獄を打ち破り、マイノリティが声をあげるには、時に乱暴なスタイルをとってでも創発的包摂に打って出るしかない場合がある。

それを受けとめる側の度量が問われているのである。

　ひるがえって、公共のさまざまな装置の設計・運営の側にいる人間はどうか。そうした立場の者にとって「必要の政治」は、ある日突然飛び込んでくるノイズであり、皮肉な意味で「暴力」ですらある。「必要」を言い立てる声は、おそらく理解不可能で毛筋ほども共感できないものかもしれない。事例の検討の項で述べたように、たとえば民生委員や養護学校教員といった制度の側に立つ者であっても、その役割的立場を超え、取り替えのきかない存在となってサバルタンたちに寄り添うことは、今後も起こりえよう。だがそれを予め計画し制度化することなどできない。「必要の政治」はどこまでもプログラム的発想になじまず、主体の状況への投企（プロジェクト）に俟つしかない部分がある。

　出口の見えない話になってしまったかもしれない。だが唯一見出せる糸口らしきものは、アレントが政治の堕落だと切り捨てた〈生命への関心〉の再評価である。筆者は、生活・生存保障と教育との間に対立をもちこむ不毛な議論に終止符を打ち、教育を自己完結の神話から救い出し、生存・生活保障という大プロジェクトの一翼に位置づけなおすべきだと考えている（倉石 2018 終章）。私的欲望との共振をたえずうかがう新自由主義の罠に足をとられないよう気を配りながら、身体内部から発する小さな声を出発点として新たな公共をつむぐ営みに、教育もまた合流していかねばならない。20 世紀（そして 21 世紀）シティズンシップという概念は、その小さな「政治」の一つ一つが雄渾の歴史の流れにしっかり結びついている確信を、たえずわたしたちに与えてくれる。

# ❖ 註

1　米国における公民権運動でも、人種隔離の非を訴える手段として、敢えて法を犯して白人専用座席に黒人が腰を掛けるという戦術がとられたことはよく知られている（バスボイコット闘争やシットイン運動など）。法や制度が決してマイノリティの側に立って力になることがない以上、手続きや合法性に囚われていては抗議にならない。非暴力闘争とそうでない闘争の境界も実際には曖昧である。
2　とは言え近年になって教育学アカデミズム内部から、金井闘争に新たな光をあてる研究も出始めている。末岡（2018）、小国（2019）などを参照のこと。

# 補　章
# 〈宿題〉からみた包摂と排除
## ──教育総動員体制論序説

## 1.　本章のはじめに

　教科書無償配布は、教科書がゆきわたりそれを子どもが毎日家に持ち帰ることを可能にすることで、宿題や家庭学習が成立する条件の確立に寄与した。これを包摂と捉えるならば、そこにはらまれた負の側面（排除）もまたあるはずである。本章では、教科書無償を軸とする条件整備の進展を解放教育（同和教育）運動のなかに位置づけ、特に宿題というテーマに的をしぼって包摂と排除の交差を明らかにしていきたい。

　宿題という視座からあぶり出されるのは、解放教育の重要な挑戦の一つに、教育という営みをめぐって家庭・学校間に引かれていた境界線を根底から問い、その引きなおしを模索する作業が含まれていたことである。宿題に注目して解放教育の歩みを再構成することで、この境界線の揺らぎを把握することができる。しかし一方でこのように境界線が動揺を見せながら、他方で全体として、個々の行為者の意図を超えた大きな動きに収斂していったこともまた事実である。その方向性をあらわすのが総動員体制という概念である。本章は解放教育の逆説、あるいは「意図せざる結果」を描くものでもある。

　以下、本章の論の進め方である。はじめに、近代学校一般における宿題の発生条件について考察した佐藤秀夫の論考、および「日本的」な家庭─学校関係について整理をおこない、その象徴的事象として宿題を位置づけた山村賢明の

議論を先行研究として検討する。そしてそれらを発展させる一つの方向として、総動員体制論の可能性に言及する。それらの点を踏まえた上で次に解放教育の具体的な展開に目を移し、1960 年代初頭の「教科書無償闘争」とそれを準備した 1950 年代の高知の状況、さらに 1970 〜 80 年代以降の大阪・松原の解放教育などを参考に、解放教育における〈宿題〉の位置づけを多面的に検討していきたい。また解放教育の個別事例が、先に構成した認識枠組みにどのように変容を迫るかについても触れたい。


## 2. 〈宿題〉への歴史的パースペクティブ

### (1) 佐藤秀夫の〈宿題〉論

　日本教育史学者の佐藤秀夫は、学校でごく当たり前とされている日常の慣習、モノやコトの歴史的発生・起源を掘り起こすという興味深い作業をおこなってきた（佐藤 1987, 1990, 2000, 2004, 2005a, 2005b, 2005c）。そのなかで佐藤は抜かりなく、宿題についても考察している（佐藤 1999）。そこにおいて佐藤は「『宿題』が生まれたのは、だいたい 20 世紀に入ってから」で、まだその歴史は 100 年程度だと述べ、「『宿題』が学校教育に不可欠なものではなく、ある条件の下で生み出された」のであり、「それが『永遠に不滅』だと考えることは根拠がない」としている（佐藤 1999: 17）。
　もう少し詳しくみてみよう。佐藤によれば宿題発生の引き金になったのは、近代公教育システムが整備されるにつれ、子どもたちに習得を求めた「国民的教養・技能」が質量ともに飛躍的に増大したことであった。その結果、学校での授業時間数が増加したが、それでも教授内容のすべてを確実に習得させるのはとうてい困難となり、ここに、授業時間内で習得できない分を家庭での学習によって補う必要が発生した。これが宿題の起源だというのである。付け加えれば、近代学校以前の手習塾（寺子屋）や私塾・藩校では「学習は塾や学校内で完結されていた」（前掲: 19）。宿題は、多種多量の内容を学ばせることを旨とする、近代学校ならではの「産物」だったということである。

　一方佐藤は、近代学校をそれ以前と区別する宿題発生の条件は、学習内容の増大のみではないことを強調する。宿題を発生させた「物的」条件があった。それは一つに「教員の目の届かぬ家庭で行われるものであるからには、その実行いかんについての後日の点検が容易かつ有効でなければならないこと」（前掲：19）、第二に「その課題はすべての子どもたちが共通に持ちうる素材に立脚していなくてはならないこと」（前掲：19）であった。具体的には、安価な紙と筆記具（鉛筆）の普及なしに宿題は成り立たなかった。たとえば「教科書の○○ページから○○ページを○回読んでくること」といった宿題も、そもそも教科書用の用紙や印刷技術のコストが高く、とうてい全ての生徒に教科書が行き渡らなかった時代には出しようがなかった。現文部科学省の画策でコストダウンが実現し、以前の手漉き和紙に木版印刷のものに取って代わって、国産洋紙に活字印刷された国定教科書が出回るようになる 1904（明治27）年が一つの節目だった、と佐藤は指摘する。と言うのもこれを画期として、教材の日常所持が子どもたちの間に急激に普及したからである。またこの他に、宿題用のプリントを印刷するテクノロジー（謄写版）が日本の職員室に普及するのが1910 年代だったという指摘もなされている（鉛筆については佐藤 1990 に詳しい）。

　以上の佐藤秀夫の論は、近代学校がその成立当初から、いわば原理的に、家庭という外部による無償サポートをえずには教育という営みを全うしえない性格を抱えていることを指摘している。これを本章では、学校システムの自己完結不可能性の原理と呼ぼう。すでにルーマンに学んだ立場から言えば、システムそれ自体はどんなものでもある種の自己完結性を有しているが、ここではそれとは別に、システムに課されたミッションをシステムが自力で遂行できない事態を完結不可能性と呼びたい。さて〈宿題〉は、この完結不可能性を最も鮮やかに象徴する"コト"として位置づけられるし、教科書というモノがそれに深くかかわっていることも分かった。また佐藤の議論は、宿題を無償労働（unpaid work）の視角から捉えることを提起している。それは子どもが教師との「労働関係」において無償の働きをするということではなく、家庭と学校というよりマクロな関係において（主としての保護者の）無償労働がおこなわれているというのである。

## （2）山村賢明の〈宿題〉論

　上掲の佐藤秀夫の考察は、宿題研究にとって非常に重要な礎石であると言える。ただ佐藤は宿題について考察する際に不可欠な史実の発掘・提示に重点を置く一方、あまり性急な価値判断は避けて後世に委ねた観がある。その点で対照的なのが、教育社会学の山村賢明による宿題論である。

　山村（1993）はまず、日本における家庭－学校関係の特性とその歴史的性格を俯瞰的に明らかにする。それによれば、近代日本では概して、「家庭が学校にすすんで従い、親が教師を尊敬することを子どもに示し」がちであり、その結果「子どもが家庭から出て学校という新しい集団に所属するようになるとき、その移行を円滑にするように作用」（山村 1993: 67）した、という。近代学校が日本に出現し、貴重な労働力としての子どもが学校によって吸い上げられる事態に直面した民衆が、大規模な抵抗運動を起こしたことはよく知られるが、それを差し引いても家庭－学校関係は上のように規定できると山村は言う。そしてその背景にあることとして、日本近代において学校が国家によってつくられ、天皇の名によって権威化されたこと、また人びとから学校が社会移動の手段視されたことを指摘している。これらが相まって、「公にして善なるものという学校認識」が早くから民衆に根づき、家庭が学校にすすんで従う関係が形成されたのだという。

　そして宿題という事象は、こうした家庭－学校関係をまことに鮮やかに象徴するものとして位置づけられている。すなわちそれは、「勉強は子どもが家庭に帰ってからも家庭生活の都合に優先して行われて当然」「それほど学校の勉強は重要であり、親も当然そう考えるはずである」（前掲: 102）等の学校・教師側のメンタリティの表われだという。また、それに呼応して親の側もすすんで宿題を家庭生活に優先させ、宿題を出すよう学校に要求さえする現実があることも指摘している。しかし一方で海外に目を向ければ、子どもが通学鞄を持たなかったり、勉強道具を置いて帰ったりする（いわゆる置き勉）場合もあり、日本のようなやり方が普遍的なわけではないと付け加えてもいる。

　このように山村の議論は、まず物的条件という下部構造よりも、精神構造やメンタリティといった上部構造に注目する点に特徴があり、次に家庭－学校関

係について明確に、一方の他方への従属と性格を規定する。さらに宿題という事象についても、くだんの支配・従属関係がダイレクトに反映されたものと断言している点が際立っている。しかし佐藤が近代学校に内在するものとして摘出した、学校の自己完結不可能性（家庭という外部への「外注」の不可避性）の原理が、近代日本のコンテクストにおいてなぜかくも速やかに隠蔽され、弥縫（びぼう）されていったかという問題提起は重要であり、検討に値する。

## （3）総力戦・総動員体制研究

　上掲の〈宿題〉へのパースペクティブを補い、なぜ自己完結不可能性が速やかに弥縫され水も漏らさぬサポート体制が構築されたかに迫るものとして、総力戦体制、総動員体制研究の視点がある。山之内靖を中心とするグループによっておこなわれてきたこの研究では、ウェーバー、パーソンズ、ルーマンなどの社会学理論を援用しながら、1930 年代に総力戦体制の構築を契機に大規模な社会体制の再編が起こり、それまでの階級社会から断絶した新たな「システム社会」が、東西あるいはファシズム／自由主義の体制の別なく登場したことを明らかにした（山之内 1995; 山之内 1996　など）。そしていわゆる「戦後」期の歴史もまた、この「システム社会」のさらなる高度化、精緻化として読み直される必要があることを問題提起した。ここでは、戦前／戦後という二分法は完全に無効化され、連続性が強調されている。すなわち、まず一方で「戦後」のなかにさまざまな形で「戦前」の残滓を読み取ることが可能となる。他方で「戦前」のなかに、封建遺制でなくある種の合理性を認識するというのも重要な課題となる。総力戦・総動員体制がもつモダニズム的技術的合理性、という論点である。

　この総動員体制論の知見を、家庭－学校関係についての議論に接合させようというのが本章の目論見である。自己完結不可能性の原理を有する学校が、その残余をたとえば宿題のようなかたちで、無償で外部（家庭）委託することができる体制が可能になるには、かなり長い道を辿らねばならなかった。ところで、そもそも「動員」とは無償労働＝ボランティアの言い換えであり、それに「喚起された自発性」という要素が付け加わったものである（中野 2001）。そ

う考えると、家庭による自発的な学校サポート体制という山村賢明の描く姿は、いわば「教育総動員体制」と呼ぶことができるのではないか。その歩みは、おそらく戦時期の総力戦体制作りに始まったものの、本格化するのは総力戦体制を根本的に引き継いだ戦後の総動員社会においてだったとみるべきだろう。そうだとすれば戦後の解放教育も、総動員体制作りから滋養を汲み取ることで開花したと考えられる。いや、解放教育の発展プロセスそのものが、総動員体制の高度化・精緻化の一コマとして解釈可能ではないのか。

　このような問題意識から次節以下では、地域的・時代的背景の異なるいくつかの解放教育運動の具体的局面に焦点を合わせ、そこで宿題がいかに議論されたか、その含意は何かを解読していきたい。具体的事例に照らすことで、上記のような枠組みの実効性を確認することができる一方、総動員体制論に回収し切れない現実があることもまた浮かび上がってくるはずである。

## 3. 解放教育運動における〈宿題〉──高知県の闘争を中心に

### （1）無償化闘争の隠されたテーマ

　ここでは、戦後解放教育運動の重要な一コマと位置づけられる、1960年代初頭に高知で取り組まれた教科書無償をめぐる闘いを中心に、その他の動きにも目を配りながら、前節で述べた〈宿題〉へのパースペクティブを下敷きにそれらを再吟味してみたい。教科書無償闘争については第4章で詳述したとおりである。ところで先にみた佐藤秀夫の議論を踏まえれば、教科書が生徒に行き渡らないことこそ、宿題成立を阻む最大の条件であった。そうだとすれば、無償化の先に構想されたのは、部落の家庭でも宿題や家庭学習がスムーズにおこなわれる状態ということになる。であるからこの闘争の隠されたテーマとして、直接的には教師による教育活動の、より大きくは学校システムそのものの「補完」というものが横たわっていた、と解釈できないだろうか。

　しかし話を先に進める前に他方で、解放教育において「宿題は差別だ」という言説が根強く存在したことに触れておかねばならない。それについて鍋島

（2003）はこう述べている。

　　個々の学習者の到達度や学習意欲が大きく異なっており、特に個別の対
　応が必要な場合、かつては「宿題」という形で課題を与えるという方法が
　伝統的にとられてきた。この方法は、家庭が学校教育に対して協力的であ
　り、かつ、家庭学習が成立する生活条件のもとに子どもが置かれているこ
　とを前提としている。同和教育の実践のなかでは、このような家庭依存的
　な補充学習のあり方が批判され、「宿題は差別だ」とまで言われた（鍋島
　2003: 129　強調の傍点は倉石）。

　この鍋島の指摘は非常に興味深いが、いまはこれ以上吟味せず、さしあたり
解放教育のなかに、学校システムの弥縫とは正反対のベクトルが、つまり自己
完結不可能性を暴露し、〈宿題〉に象徴される無償のサポート活動のありよう
を徹底的に問題化するベクトルが含まれていたことを確認しておきたい。する
と、無償化運動においても、宿題の制度化と逆の、宿題を批判し解体を目論む
ポテンシャルもあった、という見通しが生まれる。
　以下で、高知・長浜における教科書無償の闘いについてみていくが、闘争そ
のものを単独で取り出して論じるのでなく、こうした闘争を生む土壌がはぐく
まれた1950年代の高知の教育界の状況、家庭－学校関係、あるいは被差別部
落全般における家庭の状況といったコンテクストに位置づけながらみていきた
い。

## （2）問題化される〈宿題〉と教科書無償闘争

　教科書無償闘争発生時の家庭の教育負担額を、『教科書無償』編集委員会編
（1996）から見れば、当時の状況は次の如しであった。「高知市教職員組合と高
知市PTA連合会の調査によれば、1960年当時、学校に父母が負担していた金
額は、小学生一人当たり平均で年間約4,000円、中学生で3,000円にのぼ」り、
「それは教材備品・図書購入・光熱費・教師の視察研修費・学級連絡費、はて
はプール建設や運動場整備費などすべてにわたってい」た（前掲: 31）。ちなみ

に「一九六一年ごろ、米一升が百二十八円、コッペパン一個十円、牛乳一本十二円」であったという（前掲: 32）。他方、闘争の舞台となった長浜小学校の子どもの4割は、校区の被差別部落から通っていた。粟津（1960）によれば部落の人口3,035人、世帯数672であった（1959年統計、以下同様）。生産人口のうち17.5%が、出稼ぎ・失対・日雇・土工・砂利運搬・行商・露天商の「不安定な職業」に従事している。対して事務従事者は4.3%であり、高知市全体の平均値8.5%を大きく下回っている。概して、不安定雇用による貧困層をかなりの数抱えていたといえよう。

　ところで「教科書無償」が闘われたのは高知・長浜の事例をもって嚆矢とするわけではないのも既に述べた通りである。1934年、全国水平社が全国大会で「児童の学用品並びに通学用品一切の無償支給要求」を方針に掲げ、また53年に京都・田中子ども会が中心になって無償要求運動（"教科書よこせ闘争"）を起こし、さらに54年に吹田、56〜57年に高槻・岸和田にも同様の運動が広がり、それぞれ無償配布をかちとって行った（小野2002）。また59年7月には大阪・日之出の部落の子どもたちが、「小学校にて『宿題を忘れた子』と書かれたプラカードを首からぶらさげられるという事件がおこった」（向井1975: 23　強調は倉石）。この事件と機を一にして日之出支部が結成されるのだが、当時を振り返って向井は次のように書いている。

　　親との運動の接点を見出してくるなかで数々の問題がでてきた。給食代を忘れたということで教室の後ろの黒板に氏名を書かれる。日之出の子どもは、いつまでも消されない。忘れたのではなく、もっていけないのである。しかし、子どもたちは"忘れました"と答えたのである。仲間から「ただ食い」といわれる。ついに日之出の多くの子どもは、たべないかもしくは、昼休み時間に息せき切って家へたべに帰り、また、引きかえす。その場合『母ちゃん』は不在。つまり共働きで出ている。親は、仕事から帰ると、勉強したか、勉強せいと耳がたこになるほどいう。しかし、本当になまくらでしないのか、どうか。否、勉強できる条件がないのである。まずわからない。そして、教科書がない。ノートがない。机がない。食膳が、たちまち机に早がわり。夜、勉強しようとすれば、ひと間しかないバ

　　ラックの真中に、ハダカ電球が一つ。あかりをとろうとすると、家族のみ
　　んなが眠れない。父ちゃんの明日の仕事にこたえる（前掲：24）。

　このように考えてみると、長浜の闘争が起こった 1961 年 3 月というタイミ
ングにおいて、部落をはじめとする大衆からの教科書無償要求はもはや前衛的
なスローガンでなく、時代の心性のようなものに転化しかかっていたのではな
いか。先ほどの自己完結不可能性の原理に引き寄せて言えば、教科書や学用品
を子どもに買い揃えることは、学校にとって、宿題に連なるものとしてまず
第一に速やかかつ密やかに家庭に済ませてもらわねば困る無償サポート活動で
あった。しかしそのことへの異議申し立てが、61 年ごろには取り立てて珍し
くなくなっていた。
　こうした時代精神と共鳴し合いながら長浜の闘争は発生する。ただそれでも
この闘争が全国的注目を集め、今日でも解放教育史において語り継がれている
のは、一つは憲法第二六条にうたわれた義務教育無償の条文をたてに、いわば
普遍的価値としての「教科書無償」を掲げて闘ったこと、その結果として単に
貧困層への無償配布の実現でなく、支払能力の有無にかかわらない完全無償制
をめざしたことであった。運動主体となった「タダにする会」は、長浜地区住
民に教科書の不買を呼びかける運動を展開し、貧困家庭への補償措置としてで
なくあくまで全対象者へのひとし並の無償配布を要求した。しかし行政当局の
厚い壁に阻まれ、また執拗な地域分断工作のせいもあって、あくまで福祉措置
としての無償配布という枠組みは突き崩すことができず、ただ枠の拡大をかち
とることで妥協せざるをえず、第一次の闘争は 2 ヵ月で幕を下ろしたのだった。
　61 年度開始当初、8 割もの人びとを不買に組織したこの運動も、徐々に脱落
者（教科書購入者）が増え、窮地に立たされていくのだが、その過程で見過ご
せないのが、初め運動を全面バックアップし、教科書なしの自主教材（プリン
ト）での授業で新年度を迎えた長浜小・南海中の教員たちがものの二週間ほど
で息切れし、「心理的にも実際問題としても限界に達してい」き（『教科書無償』
編集委員会編 1996: 83）、ついに教科書併用に踏み切っていったというくだりで
ある。なぜ教師たちは息切れしたのか。逆に言えば教科書というモノが、なぜ
それほど学校や教室の日常に安定感を与えるのか。単にいちいちプリントを印

刷する手間が省ける、という以上の力がそこにはあるように思える。それは、佐藤も示唆するように、教科書というモノが学校と家庭の境界を超えて日々運搬されることで、もともと断片的であることを余儀なくされる学校時間が、家庭時間へのある程度の侵食を果たし、断片化が日常業務に差し支えない程度にまで食い止められるからではないだろうか。

　それにしても、長浜の闘争に顕著なのは、上記のように舞台である長浜小・南海中の教員たちと運動との距離の近さであった。たとえば、闘争の余燼のまだ残る1962年2月の日付の入った『長浜教育白書』では、先の闘争の総括もおこなわれている。そこには反省事項として、「父母会との対決に対し、指名手配を受けた者が斗いの後半に表面に立たずしりぞいてしまったことが、彼等の力を強めさした一つの原因となったと考える」（高知市長浜小学校 1962: 36）といったことも挙げられているが、他方で「この斗争を通じて、全教員が同一歩調で行動し、一名の落伍者を出さなかったことが職場の混乱を最小限にとどめた」（前掲: 36）とも述べている。こうした教員サイドの「総動員」を醸成した背景に注目するべきだろう。というのも本来は家庭による密やかな無償サポートなど、改めて問題化したくない立場のはずの教員が、敢えてそれを問う側に身を置いたからである。そこにはよほどの「回心」の経験があったはずである。

## （3）長欠・不就学問題への福祉教員の取り組み

　その点を考える上で、高知において敗戦後、全国に先駆けておこなわれてきた長欠・不就学への独自の取り組みが見落とせない。「きょうも机にあの子がいない」の名キャッチフレーズは、今では解放教育史のなかに位置づけられているが、もともとその取り組みは、1948年に県が「出席督励のための級外教員」二人を試験的に配置し、50年に正式に福祉教員ポストが設置されたことに始まる（本書第1章参照）。その福祉教員のなかから、高知の、ひいては全国の同和教育を担う中心人物が輩出されていった。水田精喜はのちに南海中学校教員として、教科書無償闘争の中心を担った（水田 1968）。またその一人谷内照義は、のちに全同教委員長にまで登りつめていく（谷内 1994）。しかし福

祉教員になりたての頃、解放教育への自覚やコミットメントは必ずしも強くなかったようである（たとえば谷内 1994: 112）。むしろ長欠問題に取り組むなかで、学校の無償サポートをおこなう足腰を備えているどころの話ではない、長欠生徒の厳しい家庭環境の現実に触れ、そこから徐々にその背後にある部落問題への認識に目覚めていくという回路をとった。福祉教員たちがまとめた実践報告集『きょうも机にあの子がいない』（高知市福祉部会 1954）をみると、長欠児家庭をストレートに批判する痛烈な言辞に幾たびも出くわす。

　　「保護者の無智は、子供の無智蒙昧を生み出してゆく」（高知市福祉部会
　　1954: 11）。
　　「彼等には所詮義務教育の何たるかは解し得ないのである。家に用事の
　　あるときは、子供は当然学校を休ませて仕事をさすべきである。家の事を
　　片付けて後、余暇があれば、学校へ行けばよいのだ。学校は遊びに行って
　　いる処だ、というのであろう。親なるものは、義務教育期間中は子供を
　　学校へ出すべき義務があり、権利のあることを自覚していないのである」
　　（高知市福祉部会 1954: 6）。

　当時の高知の「長欠・不就学の平均 90% は部落の子ども」（中野他 2002: 66）だったという状況を踏まえれば、これらはほぼそのまま部落家庭へと向けられた言葉であった。しかし教師の「差別性」をここに読み取るよりも、「人権」や「反差別」といったフィルターを介さずに捉えた部落の生身の現実の忠実な記述と読むべきであり、こうした出会いだったからこそ「回心」の契機となりえたのだろう。またそうした素朴な記述態度ゆえに、学校教育を下支えしていながら盲点になっているモノやコトが、かえって鮮明に捉えられている。たとえばある長欠児の記述のなかには、教科書というモノ、そして家庭学習＝宿題というコトがさりげなく顔を出している。

　　「学校内でも無口で元気がなく、真面目さが見えない。特別に親しい友
　　達もなく、学校には楽しみを感じないであろう。教科書が机の中に残って
　　いる日も度々である」（高知市福祉部会 1954: 12　強調は倉石）。

また次のような文脈での「傘」という記述はどうか。

> 「このような家庭（※筆者注：失業、半失業状態におかれた家庭）から生まれる、長欠児童の数は大きい。ではなぜ休ませるか。○放任とずる休み。○家庭の手伝い。○子守。○傘がない。○看病の為。等々」（前掲：28-9 強調の傍点は倉石）。

　以上から言えることは、「きょうも机にあの子がいない」から「教科書無償」へと連なる高知の解放教育の動きが、現実問題として家庭からの無償サポートを調達できないという危機的現実に直面したシステムとしての学校の、環境に対する自己適応、自己調節作用だったということである。ただ適応・調節のあり方も、段階をへるにつれて微妙に変化している。「きょうも机にあの子がいない」の頃は、いみじくも「福祉」教員という言葉に象徴されるように、危機的環境はまだ学校自体に原理的にはらまれた問題としてでなく、教育にとって外在的な、別カテゴリーの問題として捉えられていた。その段階では、家庭が学校を下支えするという関係の自明性はまだ揺らいでいない。
　それに対して長浜の教科書無償闘争の特徴は、要保護、準要保護家庭のみへの支給という「福祉」的解決をあくまで拒んだところにあった。そこでは家庭‐学校関係の根底的な編み直しが射程に入ってきているが、その方向は具体的に示されるに至らず、その点が無償化闘争の性格を曖昧なものとしている。つまり危機に対応してのシステムの自己更新としてみた場合、システムが環境に働きかけて環境の側をシステムに適合させるのか、システム自体が環境に合わせて全面的に変化するのかが判然としないのである。具体的にいえば、教科書無償運動は、一見すると家庭を経済的・文化的に力づけて「欠損」性を克服することで、教育のうち家庭が担う領分の事実上の拡張をはかる（家庭の学校化／宿題制度化の道）ことを押し進めたようにも見える。しかし必ずしもそうとも言い切れない。福祉教員たちのなかには「学校の責に帰する諸問題」（高知市福祉部 1954: 17）を探求する志向性も見出せる。これは、家庭による欠損の穴を学校が補填することで、学校が担う教育領分のさらなる拡張をはかる（学

校の家庭化／宿題解体の道）ことを意味する。

## （4）小括

　最後に強調したいのが、「きょうも机にあの子がいない」から「教科書無償」へと連なる解放教育の系譜を、いわゆる「戦後」教育の成果として、つまり憲法や教育基本法の下でその精神が具現化したものと捉える見方はミスリーディングではないかという点である。当事者が盛んに憲法や教育基本法、戦後民主主義的価値を強調したことは、必ずしも結びつきの証左とはならないのではないか。

　むしろ一連の動きは、2節の（3）項で論じたように、総力戦体制の構築を契機に登場した新たなシステム社会のもとでの「教育総動員」のあり方を物語る一コマとして解釈できると思われる。つまり、教科書無償配布に象徴される一連の「教育条件」整備の運動や施策は、一面で教育総動員というあり方そのものを問うモメントを有していたものの、総じて言えば家庭の「欠損」部分を補填することで、部落家庭を教育総動員体制へと包摂していくものだったと考えられる。その点で戦中の体制との連続性というテーマが、今後もっと真剣に検討されるべきだろう。

## 4.「効果のある宿題」ともう一つの「自己完結不可能性」
### ──大阪・松原の事例から

## （1）宿題問題への「決着」の付け方

　ここでは、解放教育の一つの到達点として定評があり、また2000年代の国レベルの教育改革の文脈からも学力向上の旗手として熱いまなざしを受けた大阪・松原における解放教育（菊地 2000; 志水 2003）を、本章の主題である家庭－学校関係、その象徴としての〈宿題〉という切り口から吟味してみたい。

　鍋島（2003）は、文脈上明らかに松原の同和教育推進校と特定できる小学校

の教育改革について、次のように述べている。

> A県において30年近く前から家庭・地域と連携した学力保障の実践で有名であった。1980年代半ばから、この校区における実践は「宿題」を通じて自立した家庭学習習慣を形成することを重点としてきた…（鍋島2003: 57　強調の傍点は倉石）。

　上の引用文から読み取れるように、また志水（2003）など他の研究者による紹介・分析からも明らかなように、〈宿題〉を、学力保障という一つの目標達成のための道具として、ツールとして意識的に使いこなすというのが松原の解放教育である。この志向性はのちに「効果のある宿題」という標語で整理され、流布していった。そこではもはや、〈宿題〉そのものを問題としてとらえるという意識は希薄である。それに対して、前節でみた高知あるいはその他の事例の場合、宿題という存在は教育条件を問う文脈で語られるものであって、ある目的のもとでそれを意図的に利用・活用するというものではなかった。道具ではないがゆえに、ときにそれが激しいコンフリクトを帯びて問題として登場し、前に挙げた「宿題は差別そのものだ」というような整理にもつながることになった。

　鍋島によれば松原で宿題というテーマを自覚的に追求し始めるのは1980年代半ばとのことだが、志水（2003）の整理によると「1970年代半ばには、『家庭学習運動』が取り組まれ」ていた。「これは、家庭で勉強する習慣がない子どもたちに対して、教師たちが家庭訪問を繰り返しながら、学習習慣や生活規律の定着のための指導をおこなったというものである。その結果として、子どもたちの家庭生活は大きく変化し、学校での学習と家庭学習がつながり、基礎学力の定着が大きく進んだという」（志水2003: 23　強調の傍点は倉石）。また同じ校区の松原第三中学校でも「家庭学習二時間運動」が1977年から取り組まれるようになったという（松原市立布忍小学校・中央小学校・第三中学校 n.d.: 104）。この70年代の〈宿題〉をめぐる動向は、北山・矢野（1990）の青少年会館や子ども会の歩みの記述にも登場する。それによると、青少年会館の前身の学童保育時代から「親の方からは『宿題をみてほしい』『宿題を学童でやっ

てほしい』という切実な要求が出されていた」。それに対して「学童で宿題を
するのは学校の下請けみたいで好ましくない」という意見もあったが「親の願
いも無視できず、善し悪しは別として取り組もうということになった」（北山・
矢野 1990: 125）。しかしその後も「宿題論争」と呼ぶべき議論、つまり「家で
も学習できる子をどう育てていくのか」という議論があった。そのなかで「学
校では勉強する、つばめ会では宿題やる、家へ帰ったらテレビ。子どもの方も
そういう割りきり方。親もつばめ会へやって助かる」（前掲: 131）という状態
が問題視された。そこで家庭での親のあり方も問われ、「学校側の強力なフォ
ローもあって、75 年から宿題を家庭にもちこむ。その流れが、つばめ会から
子ども会へとひきつがれてい」き（前掲: 131）、子ども会は、ムラの日常に根
ざした仲間作りを軸に、生活規律の確立運動や親の生き様の聞き取り、レクリ
エーション、合宿といった活動の場として今日に至っているという。

　以上のような 70 年代の松原における〈宿題〉に関する決着のつけ方は、ま
ことに興味深い現象を含んでいる。先の二分法の解決という視点からみてみ
たい。二分法とは、家庭を経済的・文化的に力づけて「欠損」性を克服するこ
とで、教育のうち家庭が担う領分の事実上の拡張をはかる（家庭の学校化）の
か、それとも家庭による欠損の穴を学校が補塡することで、学校が担う教育領
分のさらなる拡張をはかる（学校の家庭化）のか、の選択である。宿題を学童
でみてほしい、という当初の親の要求は、明らかに後者、学校（地域）の家庭
化の方向であった。ここでは家庭の教育負担は縮小し、学校（地域）のそれが
極大化する。しかし上述のようにその流れは食い止められ、以後は「宿題を家
庭にもちこむ」ことを原則に、家庭での親のあり方（テレビを消す、字をみる格
好をする）が指導されていった。前者、家庭の学校化へと舵が切られたのであ
る。こう考えると、ベースは高知と同様、家庭の「欠損」部分を補塡すること
で、部落家庭を教育総動員体制へと包摂していくものだったと言えよう。

　ただ松原の取り組みには両義的な側面もある。その両義性は、特に「家庭訪
問」（地域進出）のなかに集約的にあらわれている。家庭訪問の第一の目的は、
親に対する啓蒙活動、指導の徹底であろう。この場合、勉強の習慣を身につけ
るような指導・しつけの重要性を教師が説き、親にそれを実践してもらうよう
要請することである。この行為自体は、教育という営みの一部を家庭に委託

する「外注」行為であり、二分法の前者（家庭が担う教育領分の拡張、家庭の学校化）の方向である。しかしながらこの家庭訪問の場合、親への「指導」と同時に、その頭越しに子どもに直接、家庭での時間の過ごし方を指導するという色彩が濃厚である。家庭訪問先で子どもの学校生活が話題になるのでなく、家庭生活のあり方に話が費やされるとき、それは「外注」というより一種の「出前」行為、つまり教室だけではまだ飽き足らない教師がわざわざ家にまで教育活動をしにやってきたとみることもできるだろう。そうなると、一見放棄されたかに見えた後者の選択肢、学校が担う教育領分のさらなる拡張（学校の家庭化）もまだ生きているとみることも可能だろう。

## (2) 学校システムの自己完結という「見果てぬ夢」

やや先走りし過ぎたかもしれない。「家庭学習運動」の発足から四半世紀が経過した時点の松原の状況に目を向けてみたい。以下の記録から、1990年代に入って「第二次家庭学習運動」が提起されていることが分かる。

　　94年3月に「更池・地域子ども会改革研究会」が地域の親に実施した生活実態調査によると、家庭学習について、わからないときに親に聞いたり、高学年になるに従って自分で調べたりする子が増えてきています。親の方からの声かけも増えてきているし、低・中学年の親では子どもの宿題を見てやったりして関わろうとする親の層が増えてきています。しかし、一方で自主学習という点では、まだまだ宿題だけがやっとという実態があります。…次の三点について具体的な取り組みを始めています。一つは、家庭学習の時間帯、起床時刻、就寝時刻を出発に、子どもを中心とした基本的生活習慣を確立すること。二つ目は、勉強机やテレビ、勉強する部屋の工夫など、親と子で相談をしながら学習環境づくりを進めていくこと。三つ目には、子ども達にとって家庭がより安心できる場に、心が安まる場になるよう、親と子のつながりを大切にすること。そのポイントは、「子どもをほめること」を大事にすることであり、子どもの努力を認めてあげることだと思います。例えば、親が宿題の○付けをする、子どもと一

緒に漢字の勉強をするなど「親子学習」を呼びかけています（松原市立布
忍小学校・中央小学校・第三中学校 n.d.: 28　強調の傍点は倉石）。

　随所に〈宿題〉が顔を出している。松原市立布忍小学校（1996）にも、96
年度の重点課題に「学力格差の克服のための特別指導」として、「宿題の精選
と自主学習の定着を柱にした、家庭学習の改革」（松原市立布忍小学校 1996: 3
強調の傍点は倉石）とある。このことから、1990 年代の松原にあっては、宿題
はもはや到達済みのテーマであり、一つの通過点としてさらに先へと進んでい
くことがめざされていたのが分かる。高知のころの教育条件の要求項目とはま
さに今昔の隔たりだが、むしろ注意を要するのは、勉強部屋や「心の安まる家
づくり」「親子学習」などハードルがどんどん引き上げられることで、依然と
して教育総動員体制への家庭の協力要請が続いていることである。また、2000
年代に入ってから現在の学力保障の取り組みのポイントをまとめた志水（2003）
は、その一つとして「学校での学びと家庭での学びの有機的なリンク」を挙げ
ている。

　　　布小では、低学年では一時間、高学年では一時間半という学習時間をめ
　　どに、家庭学習を課している。そのなかみは、毎日の国語・算数の復習プ
　　リント、漢字・計算ドリル、本読み、自由学習などであり、ほとんどすべ
　　ての子がその家庭学習をこなして、翌朝学校に通ってくる（志水 2003: 36-
　　7）。

　また布忍小学校に導入されてから 10 年ほどが経過するという「習得学習
ノート」について以下のように説明している。

　　　それぞれの単元の習得学習ノートは、「みんなでやってみよう」「ひとり
　　でやってみよう」「家でやってみよう」という三つのパートから成り立っ
　　ている。まず、日々の授業のなかで、「みんなでやってみよう」の課題に
　　取り組む。次に、個々の力に応じて類題に相当する「ひとりでやってみよ
　　う」にチャレンジする。そして、個々の授業の最後に、それぞれの時間の

まとめをクラス全体でおこなったあとに、子どもたちは「家でやってみよう」の課題を家庭でこなしてくるのである。さらに翌日の授業は、その課題を確認することから始まる（志水 2003: 37）。

　松原の教育に関するどの報告からも、「外注」と「出前」が渾然一体となった形で、〈宿題〉が教育のなかにしっかりと根を張っていることがうかがわれる。〈宿題〉が教育総動員体制にとって一つの試金石であるとするならば、松原において教育総動員体制作りは完了したと言えそうであるが、実際にはさにあらず、上記のように宿題はあくまで通過点であり、さらに高度、精緻な体制をめざして今も日夜努力が積み重ねられている。

　ただ、この宿題の「根づき」については、別様の解釈も考えられるのではないかと思われる。その手がかりになるのが、宿題の社会学を標榜した三井（1969）だ。三井は、1962-64 年に東京都立教育研究所が実施した調査の結果に言及しながら、宿題を要求する親の社会階層について議論している。この調査は、五つの社会階層的に異なる地域の父母に、子どもの成績向上に最も寄与すると思うものを「家庭教師、学習塾、補習、宿題、その他」の五つの選択肢から選ばせるものだ。その結果、「宿題に期待する階層は中流または下流の階層であるということ、しかも、農村と中小企業地帯においては、母親の方が父親よりも一層これに期待するという特徴をもっていることが明らかになっ」たという（三井 1969: 29）。

　もし仮に、部落における宿題の一定の「根づき」が、上記調査の結果とある程度符合するものであるとしたら、つまり部落の親たちが、学習塾や家庭教師よりも現実的選択肢として、子どもの学力向上への切実な期待を宿題に寄せていることの反映であるとするなら、教育総動員体制の高度化という枠組みでは捉え切れない現実がここにあると言わねばならない。学校の自己完結不可能性という論点はここでも依然有効であるが、それは、佐藤の言う無償サポートの不可避性とは意味を異にしている。学校が自己完結的でないのは、この日本社会のメリトクラシーの荒波を乗り切れるだけの力量を、学校の力のみで子どもに十全に与えることができない、という意味においてである。その不完全性を補う責任は、学校の外部に、事実上個々の家庭に自己責任としてのしかかって

いるが、その責任遂行能力が家庭の経済力や階層性に左右されることは言を待たない。そうした文脈で考えれば、部落における宿題の根づきは、メリトクラシー社会のなかで、学校システム外に寄る辺をもちえない家庭が、システム内部に頑としてとどまり続けることで、学校システムが本音の部分でとうに断念しているところの自己完結性の貫徹を、あくまで求め続けている姿と解釈することが可能である。

## 5.　本章のおわりに

　これまでの論旨をまとめてみよう。
　近代学校は自己完結不可能性の原理により、教育という巨大な荷重をともなう任務の遂行に際して、その一部を主として家庭という外部に依存（委託）せざるをえなかった。それが無償の労働として家庭に課せられたのは重要な点だった。〈宿題〉を成り立たせる条件はまさにこの構図の成否にかかっており、逆に宿題が自明のものとして根づいているのは、無償労働の調達に学校が成功していることの証しである。本章では、総動員体制論の知見に学び、これを「教育総動員体制」と呼んだ。
　解放教育の戦後史は、教育総動員体制構築の歩みだと言っても過言ではない、というのが本章の一つの主張である。高知やその他各地で 1950 年代から60 年代初頭に取り組まれたのは、〈宿題〉をさらに下支えするベーシックな教育条件の整備であった。宿題はまだはるかかなたに霞んでいた。しかしにもかかわらず、いやそれ故にというべきか、解放教育運動のなかに宿題という「問題」がときおり、激しいコンフリクトをともないながら顔を出していた。それらの事象は、学校が、自らが単独で担いきれない教育という営みの無償サポートを、その足腰の弱さを理由に家庭（地域）が担えないという現実に直面するなかで起こっていったものであった。ときには家庭（地域）の側から、無償サポートをきっぱり拒絶されるという事態さえ起きた。むろんそれまでも実態として、無償サポートを担うだけの足腰が、日本の地域・家庭に十分備わっていたわけではなかったが、それが大っぴらに学校側に突きつけられたことは、か

つてなかった。これに対して、トータルとしての、マスとしての解放教育が
とった対応は、無償給付の実現やさまざまのサポートの制度化を通して家庭の
「欠損」部分を補填することで、被差別部落を教育総動員体制へと包摂してい
くものだった。

　1970 ～ 80 年代の松原に目を移して分かることは、教育条件の面で圧倒的な
改善が見られるなかで、宿題は脱「問題」化し、子どもの日常に違和感のない
ものとして定着していたということである。無論そこに至る道のりでは、50
～ 60 年代のさまざまな闘争の早回しをみるように「宿題論争」が交わされた
が、定着をみるのにそう時間は要しなかった。しかしながら、家庭に対する協
力要請の水準もまたさらなる高まりを見せることで、結果的にひと時代前と同
様の構図、すなわち教育総動員体制への包摂過程の継続が見られたとひとまず
言うことができよう。ただ、総動員体制の一定の完成とともに、別の意味での
学校の自己完結不可能性もあらわになった。それは、メリトクラシー社会を泳
ぎきっていく能力やスキルを、学校が万人に与えることは到底不可能であり、
人びとが自己責任で学校システムの外部にその手立てを求めなければならない
という事態である。あらわになった「もう一つの自己完結不可能性」を前に、
システム外に手段を十分に求めえない部落家庭が、「額面通り」の支払いを学
校に要求し続けている現実が、宿題の根づきから透けて見えると考えられる。

# 第5章

# 創発的包摂を生きる主体の肖像
## ──リー・ダニエルズ『プレシャス』を観る

## 1. 本章のはじめに

　リー・ダニエルズ監督が 2009 年に発表した『プレシャス』は、インディーズ作品にもかかわらずアカデミー賞ノミネート・受賞まで果たした問題作である（**図 5-1**）。舞台は 1980 年代末のアメリカ・ニューヨーク、主人公は黒人街の貧困家庭に暮らす 10 代の少女。だが彼女はすでに 12 歳で最初の出産を経験し、いままた二度目の妊娠をしている。学校からは退学を言い渡され、代わ

---

監督・製作：リー・ダニエルズ

原作：サファイア著（東江一紀訳）『プレシャス』河出文庫、2010（原著 1996）

脚本：ジェフリー・フレッチャー

主要キャスト：

　クレアリース "プレシャス" ジョーンズ：ガボレイ・シディベ（本作でアカデミー主演女優賞ノミネート）

　メアリー・リー・ジョストン（母）：モニーク（本作でアカデミー助演女優賞受賞）

　ブルー・レイン（代替学校教師）：ポーラ・パットン

　ワイス（ソーシャルワーカー）：マライア・キャリー

---

**図 5-1 『プレシャス』**
2009 年、アメリカ、監督：リー・ダニエルズ、
時間：109 分。
第 82 回アカデミー賞（助演女優賞 / 脚色賞）受
賞、脚色賞受賞他。発売元：ファントム・フィル
ム、販売元：アミューズソフト（DVD）

りに紹介されたオルタナティブ・ス
クール＝代替学校なるところにとり
あえず通い始めるのだが…。

　父親からの性暴力と望まぬ妊娠、
母親からの精神・身体両面での虐待、
人種差別、エイズ感染など、あまり
に過酷な主人公の境遇に、フィク
ションと分かっていても目を背けた
くなる。だが一歩前進、二歩後退の
ようにも思える彼女の歩みは、第 4
章で提示した創発的包摂の概念で解
釈することができそうだ。一方でこ
の作品は、ソーシャルワーカーや代
替学校教師ら、狭義の「包摂」の主
体である周囲の大人たちの動きも鮮
明に描いている。『プレシャス』を
手がかりに、〈包摂と排除〉をめぐ
る議論を深めたい。

## 2. 奇跡としての包摂——本作品の基本情報と背景

　『プレシャス』という映画作品は基本的にブラック・フィルムである。即ち
黒人の、黒人による映画だということである。監督・製作のリー・ダニエルズ、
原作者のサファイア、脚本のジェフリー・フレッチャー、主演のガボレイ・シ
ディベと主だった関係者はすべて黒人で占められている。そして脇を固める
ポーラ・パットンやマライア・キャリーといった「スター」も、広義のアフリ
カ系の人たちである。本作品の基本情報は以下の通りである。

　奇跡という手垢のついた言葉がこれほどふさわしく思える映画も少ないだ
ろう。心理学を学ぶ一介の大学生で演技経験皆無だったガボレイ・シディベ

が、二人のスターを脇に従えて主演を果たした奇跡、映画界でまったく無名の
リー・ダニエルズが低予算で撮った作品がアカデミー賞の栄光に浴した奇跡
…。しかしこの作品のなかでプレシャスの身に起こった出会いと経験こそ、最
大級の奇跡の名に値するものではないか。代替学校教師レイン先生、福祉事務
所ソーシャルワーカーのワイス氏の支援をうけた彼女は映画の結末部で、必ず
しも援助者たちの意向には従わず、自分の意志で二人の子を育てながら学業も
続けることを選択する。ただ決意したことが描かれるだけなので、サクセス
ストーリーというわけではない。たしかに代替学校でメキメキと書く力をつけ、
市長から表彰トロフィーをもらうといった描写が中にある。だがそれは別段彼
女に富も雇用機会をもたらしたわけでもなく、社会移動モデル（序章「同心円
モデル」の説明参照）での包摂は該当しない。また彼女は主体的に動き続けて
いるので「居ながらにして」の包摂でもない（同じく序章参照）。ここでいう奇
跡とは、プレシャスが自ら何かを強く意志したそのことに向けた言葉である。

　この「奇跡」を理解する上で不可欠なのが、レーガン政権末期にあたる
1980 年代末という時代を背景にして描かれる諸々の教育・福祉制度である。
以下、『プレシャス』を読み解く上でカギとなるものとして、オルタナティブ・
スクールと GED（高校卒業認定資格）、AFDC（要扶養児童世帯扶助法）、そして
レーガン政権下のエイズ・中絶というテーマの三点について説明を加えておき
たい。

## （1）オルタナティブ・スクール（代替学校）と GED（高校卒業認定資格）

　オルタナティブ・スクールは 1970 年代に入ってアメリカで急速に活発化し
た教育運動であり、本章の文脈で特に重要なのは中等教育レベルのそれである。
ハイスクールやミドルスクールなどの既存の中等教育機関はこの時期までに、
かつてのような自由意志ではなく、義務によって強制されていくところに変質
してしまっていた。また学校規模は巨大化・官僚制化の一途をたどり、人間的
交流が失われて久しかった。さらに現実の生活から乖離した高踏的な教科カリ
キュラムによって、生徒たちの学習意欲も削がれていた。
　オルタナティブ・スクール運動は、アメリカの中等教育がおかれたこうした

状況に対する文字通りの「代替」を創出する運動として立ち上がった。その特徴として次の三点、すなわち学校形態もしくは教育プログラムの自由選択、学校外の教育資源の活用と教材化、そして学校規模の縮小化による人間的な学校風土の回復がみられた点は、上記の背景から十分理解できよう（菊地 1983: 57）。またもう一つの要素として、人種隔離がない学校という点も重要である（前掲: 62）。アメリカでは 1954 年のブラウン判決以後も教育機関における「事実上の人種隔離」状態が続き、教育環境の向上をのぞむ黒人はじめ人種的マイノリティ保護者から強い不満が寄せられていた。既存の学校への不満は人種横断的に広範に存在していたが、黒人固有の強い教育ニーズが存在していたことは見逃せない。映画『プレシャス』に描かれる架空のオルタナティブ・スクール「イーチワン・ティーチワン」でも、読み書きの授業方法に生活綴方のような日常を題材とする自由作文方式が取り入れられ、ノートに書かれた生徒の作文に教師がこまめにコメントをしていた。またこうした教授法が可能になるよう、学校規模は小規模に抑えられていた（レイン先生が受けもつクラスはプレシャスを入れて六名だけだった）。ただし、教室には黒人の他、プエルトリコ人、ジャマイカ人など非白人の生徒が多くを占めていた。これは人種的偏りの解消というオルタナティブ・スクールの狙いに必ずしも合致していないが、以下に述べる GED 取得など、マイノリティ固有の教育ニーズに応える意義もあるため、結果的に人種構成が非白人主体になってしまったという面もあるだろう。

　さて、プレシャスが退校処分となった学校から紹介され通い始めた「イーチワン・ティーチワン」は、GED（高校卒業認定資格）取得を目的とする学校だった（プレシャスはテストの結果学力が低いことが分かり、GED 取得クラスに入るための予備教育クラスに入れられる）。GED の正式名称は General Equivalent Diplomacy である。もともと軍隊制度との絡みでできた資格だが、第二次大戦後、ハイスクールが次第にユニバーサル化し社会に出るために高卒資格が欠かせないものとなるにつれ、卒業率において白人との間に大きく水をあけられ劣位性に苦しんでいた黒人にとって欠かせないものとなっていった。この GED を結節点として、黒人とオルタナティブ・スクールとの間が固く結ばれていった。

　1960 年代の半ばに、リンドン・ジョンソンの「貧困との戦い」を含む連邦及び州の新しい法律が通過して、ハイスクールの卒業を奨励する活動の速度や規模は増大した。このようなプログラムの多くは学校に基礎をおいて［いた］…。反貧困プログラムのなかには、ドロップアウトした生徒を学校に戻すように援助する条項、あるいは学校に在籍し続けるよう生徒をカウンセリングするための条項がしばしば見られた。オルタナティブ・スクールは、これはときに「街場の学校 street academies」と呼ばれることがあったが、ドロップアウトした生徒の卒業への望みや、しだいに増えていた GED への要求を満たすのを手助けするために計画された（Rury & Hill 2012＝2016: 140）。

　プレシャスが「イーチワン・ティーチワン」に辿り着く背景には、上記引用が指摘しているような政策的な誘導があったこともまた事実なのである。

## （2）AFDC（要扶養児童世帯扶助制度）

　プレシャスは母メアリーとアパートで二人暮らしだが、実父（メアリーとは内縁関係）との間に生まれた子ども（ダウン症で愛称はモンゴ）も書類上は同居していることになっている。この偽装の背景には、80 年代末時点でのアメリカの生活扶助制度である AFDC（Aid to Families with Dependent Children; 要扶養児童世帯扶助）が存在している。以下、Fass（2004＝2016: 1165-1172）、佐藤（2013: 89-107）を参考にその概要を記述する。

　アメリカでは 20 世紀初頭の改革の時代、児童保護への関心が高まり、イリノイ州を皮切りに 1919 年までに 39 州が母親扶助制度（母子年金）を制定した。その趣旨は、夫を亡くしたシングルマザーが労働に出なくてもいい手立てを講じることにあった。裏返せば、母親が家の外に働きに出ることは子どもの発達に悪影響を与え非行を生むので、そうした女性を労働市場から締め出す必要があるとの考え方から生まれた制度だった。次の大きな動きはニューディール時代に訪れる。F・ローズベルト政権が 1935 年に制定した社会保障法の一部をなすものとして ADC（Aid to Dependent Children; 要扶養児童扶助）が創設され

たのである。親のジェンダーに関係なく、ひとり親世帯の子ども全体に支給対象が拡大された点が母子年金と比べ画期的であった。しかしいわゆる劣等処遇の考え方が採られ、支給額は必要最低限の生活水準以下にとどめられた。また州権論に譲歩し、連邦政府から州に資金が交付され受給者への配分業務は州政府に任せるという分権的システムが取られた。州が恣意的に「適合家庭」の資格要件を設けることも許容された。こうした制度設計上の問題から、黒人女性の安価な労働力を必要とする白人の利害に左右される南部諸州では、ADC は黒人のもとには十分に行き届かなかった。

　この ADC を原型として誕生したのが AFDC である。1962 年、J・F・ケネディ政権下でのことである。ADC を受給する家族に対して家族意識を強め、自立を強調するための制度変更だった。この改正で、子どもが「不適合」な家庭から移されたとき里親家庭への支給が認められ、また主たる家計支持者が失業した二人親家庭への支給が可能になった。家族への現金振り込みの他メディケイド、食料切符などの便益が供与された。その結果として、労働を魅力の乏しい選択肢とすることにつながった。AFDC の母親に対する世論の反発が高まり、ニクソン政権下の 1969 年、母親は労働登録しなければ AFDC を受給できなくなった。再就労を前提とする給付、いわゆるワークフェア路線の始まりである。その後アメリカを不況と財政悪化の波が襲う。1981 年に始まったレーガン政権の下で、AFDC は家族の衰退、道徳の衰退の象徴として目の敵にされ、大幅な予算カットが進んだ。その結果、AFDC による収入は基本的ニーズ算定額の 47％ にまで縮小されることになった。劇中でプレシャス一家が受給していたのはこの「逆風」下にあった AFDC である。

　ADC から AFDC へと至るアメリカの生活扶助制度の流れを概観して分かるのは、子どもの存在がつねに制度の中心に考えられていることである。すなわちそれは、本来子どもを扶養すべき者に何らかの欠損が生じた場合に、それを補塡するべく国から支給される生活扶助金であった。あくまで中心にいるのは子どもの存在であり、当然ながらその視野からは子どもをもたない生活困窮者の存在は除外されている。そしてそれが温床となって、本作品に描かれたような、生活扶助金獲得のためのいわばダシとして子どもの存在を利用する行動もまた発生する。特に高齢というわけでもないメアリー自身には、AFDC を受

給できるだけの資格理由が見当たらない。しかし 12 歳にして母親になったプレシャスは当然まだ就学義務年齢であるため、扶養者欠損に該当する。おそらく AFDC はプレシャス―モンゴの母子に対して支給されたものである。そのため書類上、母子は同居していることになっていた（実際はプレシャスの祖母に預けていた）。しかし扶助金はメアリーによって全て巻き上げられていた。その上メアリー―プレシャス親子は共依存関係で結びついていた。母は娘を女中のように使って料理その他の家事をさせ、自分は一日中煙草を吸いつつテレビをみて家のなかでゴロゴロしている。プレシャスは二重の意味で母親からダシにされ、収奪されていたと言える。

## （3）エイズ・中絶問題・レーガン政権

　プレシャスが代替学校「イーチワン・ティーチワン」でよい出会いに恵まれ、家を飛び出したあとの落ち着き先（後述）も見つかり、いよいよこれから運も開けてくるかに思われた映画の終盤、観客は彼女とともに再び奈落の底に突き落とされる。父カールがエイズで死去したという知らせが届いたのだ。父と性交渉を強いられたプレシャスは顔色を変える。検査してみると案の定、エイズウイルス陽性の結果が出た。

　1980 年代のアメリカはエイズ禍に見舞われた。そしてこれはレーガン政権の無為無策による人災という側面がある。最初の症例が発表されたのが政権発足後半年ほどの 1981 年 6 月のこと、ロスアンジェルスの五人の若いゲイたちだった（村田 2018: 357）。当時の社会は同性愛者がかかる病気として喧伝し、ホモフォビアの風潮が一気に強まった。レーガン政権はその尻馬にのり、同性愛者の放埓な性生活への道徳的非難を繰り返す一方で、まともな感染症予防策を怠った。大統領はこの病を「麻疹であり、やがて治まる」と軽く考えていた（前掲: 357）。こうしてなすすべなく、エイズは爆発的にまん延してしまったのである。

　もう一点、強姦による望まぬ妊娠の問題にかかわって中絶についても述べておこう。レーガンは中絶問題とも因縁がある。大統領への飛躍の足がかりとなったカリフォルニア州知事時代の話である。知事就任直後の 1967 年、カリ

フォルニア州議会は「強姦による妊娠や母体の生命に対して危険をともなう出産の場合、人工中絶を認める法案」を可決した（前掲：229）。もともとレーガンは人工中絶に批判的な立場だったが、このときレーガン知事は妥協的姿勢を見せ、一部修正の上で法案に署名した。この法律によって、成立時わずか518件だった人工中絶は1981年には19万9,089件にも達したという（前掲：230）。この点ではエイズ対策と異なり進歩的姿勢をみせたレーガンだったが、強姦の被害にあった女性個々人が中絶を選択するためには、法整備とは次元の異なる別の条件も必要となる。

## 3. プレシャス一家の暮らしぶり・親子関係とその変容

　プレシャス一家が暮らすアパートの室内。外からの自然光がない締め切った内部には、異様な感じの淫靡な明かりが灯っている。何度も挿入される揚げ物料理のシーンは、この室内にきっともせかえるような安い油の匂いが充満していることを想像させる。こうした描写から、観客は、この一家の暮らしぶりがただ事ではないことを一瞬にしてさとるのである。

　ついでに言えば、母親の指図でプレシャスが毎日作らされている料理はおそらく、母の故郷の南部・ミシシッピ州（Sapphire 1996=2010: 21）のソウルフードである。40前後の年恰好の母親は日本で言えば団塊の世代、公民権運動によって徐々に訪れた黒人の「夜明け」をしり目に育った世代である。メアリーの世代の黒人、わけても南部農村地帯出身者にとって中等教育を受けることはそれ自体ステイタスであり、その卒業証明はまだまだ手の届きにくい「社会移動の扉の鍵」であった（Rury&Hill 2012=2016）。一方で「1970年11月4日生まれ」（Sapphire 1996=2010: 19）のプレシャスにとって、中等教育も人種統合も生まれたときから目の前にある所与のことであった。この世代間ギャップがのちのち、母娘関係にも影を落とす。

　この母娘関係は、教育という話題がトピックにあがると一段といびつさを増し、暴力的な空気が漂う。プレシャスを退校処分にした中学校長がある晩アパートを訪ねてくる。母親は決して応じようとせず、プレシャスだけがイン

ターホン越しにやり取りをする。母親はソファに座って後ろからみている（スピーカーから校長の話し声も聞こえている）。「あなたの教育のことで話しにきた」と切り出す校長。プレシャスは話の切れ目ごとに不安そうに振り返り母親の顔色をうかがう。「数学の先生がよくできると褒めてた」という言葉に母親がピクッと反応するのがわかる。校長から代替学校「イーチワン・ティーチワン」のことを聞き、戸惑いながらも淡い希望がめばえうっとりした表情になるプレシャス。そこに鬼の形相の母メアリーがフライパンで殴りかかる。間一髪攻撃をかわすがプレシャスは2階にスゴスゴ退散する。その背中に浴びせる母の言葉。「学校なんか役に立たない」「生活保護受けてりゃいい」「[自分のこと] 利口だと思ってんの？」「厚かましい、黙ってりゃいいものを」「あんたがあの女を呼んだんだろう」「教育の話？　バカが。何も学べるもんか」「誰もあんたを求めていない」。この母親の暴言を、プレシャスは階段の上で為すすべなく立ち尽くして聞かされている。

　映画の冒頭時点でのこの母娘関係に、母親による娘の支配をみてとることは容易いだろう。しかしこれらの罵詈雑言は、メアリー自身がこれまでの人生で浴びてきた言葉なのではないだろうか。母メアリーはプレシャスの分身であり、最後までワイス氏やレイン先生のような援助者に出会えなかった「もう一人のプレシャス」の姿だと解釈することもできる[1]。だからこれらはメアリーが自分自身に向けて放った言葉でもあるのだ。

　この母娘関係が、映画が後半にさしかかる頃には大きく変容している。それを象徴するのが、二人目の子、アブドゥルを産んで病院から戻ってくるシーンである。重い足取りで階段を上がり、部屋のドアを開けると、相変わらず母はたばこ片手にソファでテレビに見入っていた。室内は以前より散らかり荒廃の兆しがある。「プレシャス」と声をかけるメアリーは眉一つ動かさない。「生まれたの？」「男の子」「今までどこに？」「…」「見せて」。プレシャスは距離をとってアブドゥルの顔を見せる。「抱かせて」。仕方なく赤ん坊を渡すプレシャス。顔に見入って「父親に似ている」と呟き、プレシャスは子の名前を告げる。母は関心なさそうに「あたしに飲み物を」と命じる。依然として黙って赤ん坊の顔を見つめている。プレシャスが背中を向けて支度にかかったとき、メアリーは突然赤ん坊を床に放り投げる。食器をプレシャスに投げつけ、「アバ

ズレ！」と罵倒し始める。「あたしの男を盗んで赤ん坊を二人も」「生活保護も
パーだよ、くそバカが」。ここまでは冒頭のシーンと同じである。しかしここ
からが違った。「バカじゃない。あたしはレイプされた」と果然と母親に反撃
するのだ。このシーンと前後してプレシャスは同じような性被害にあった人び
とのグループに参加するようになり、はじめて性暴力の被害者というアイデン
ティティを獲得している。ここには、ビースタ＝ランシエールが指摘した創発
的包摂の要件、すなわち秩序に裂け目を入れる形での新しいアイデンティティ
の立ち上げをみてとることができる。

　二人はつかみ合いとなり、プレシャスはテレビをサイドボードから床に叩き
落とし、メアリーは植木鉢を投げつける。そして床に転がるアブドゥルを拾い
上げたプレシャスは、決然と部屋をあとにする。階段で足を滑らせつつ赤ん坊
を抱えて地上に辿り着いたプレシャス母子の頭上に、乱闘で額から流血したメ
アリーが壊れかけたテレビを抱えて投げ下ろす。辛うじて直撃は免れ、テレビ
は木っ端みじんに砕け散った。プレシャスは雪の降る街を行く当てもなく歩く。
メアリーは散らかった室内で気を鎮めようといつものソファに腰を下ろす。そ
してリモコンに手を伸ばすのだがそこにはもう…。二人はこうしてともによす
がを失った。プレシャスはホームレス状態に陥り、生存が脅かされるという意
味で深刻な危機に直面したが、より深いレベルで孤立状態に陥ってしまったの
は母メアリーの方だった。

　二人の最後の対決は、ソーシャルワーカーのワイス氏（次項参照）をまじえ
た三者面談という形でおこなわれるが、この映画のクライマックス・シーンで
ある。母は福祉事務所を通して、プレシャスとアブドゥルに戻ってきてほしい
と希望を表明していた。一方でプレシャスは、いま祖母の手にあるモンゴも取
り戻し、自分の手で二人とも育てたい意向をワイス氏に伝えていた。まったく
折り合わない両者の言い分に決着をつける場である。ここでワイス氏が切り口
上に「わたしがお尋ねしたいのはプレシャスに対する性的虐待についてです」
と、メアリーに対して過去に自分が何をしたかあらいざらい告白することを迫
る。これに対しメアリーは一方的に勝手な言い分をまくしたてるが、ワイス氏
は相手にしない。そして、父の性的虐待がいつどのように起こり、そのときメ
アリーはどう行動したのかを詳らかにするよう再び要求する。やがて重い口を

開き、プレシャスが3歳のときからそれが始まっていたと説明し始める。し
かしその言い分は自己正当化に満ち満ちており、あまりに無茶苦茶であった。
「わたしの男がわたしの娘をほしがった、だから娘が憎い」「カール（プレシャ
スの父）が出ていったのはこの子のせい、この子が叫びもせずやらせたから」
「誰があたしを愛してくれるの？」。そしてしおらしい表情を作って「もう小切
手はいりません。子や孫と暮らしたい」と述べた。

　母の言葉をそばでじっと聞いていたプレシャスは、ワイス氏の膝をつっつ
き、ワイス氏に話しかける。「またテスト受けた。今度は7.8だった。この前
は2.8。読む力が7年生か8年生にまでなった。来年は高校へ、そのあとは大
学へ」。ここで母親の方をちらと一瞥するが、かつてのようなおどおどした視
線ではない。さらにワイス氏に向けて「わたしもあなたが好き。でもあたしは
自由。進む道は自分で決める」。ここでプレシャスは立ち上がり、母の方に向
き直って告げる。「やっと母さんがわかった。辛い目にあわされたのに、あた
しがバカで知ろうとしなかった。もう会わないよ」。そして席を立ち、二人の
子を抱えて帰路について映画は終わる。

　この母娘関係の幕切れは、映画によくありがちな予定調和をまったく拒否し
ている。しかもそれまでの修羅場から一転して、静かで実にあっけないもので
もある。レイン先生（次々項参照）の援助もあって中間施設に入所して生存保
障もえたプレシャスは、すでに母親の精神的支配を脱していた。ワイス氏に対
する「自立宣言」の言葉は、当然メアリーにも向けられたものだった。この時
点で両者の立ち位置は圧倒的に違ってしまっているため、観客はプレシャスの
変貌を祝福するのを忘れ、メアリーの痛々しさに打ちのめされそうになる。

## 4.　ワイス氏——「成長する」狭義の包摂の忠実な担い手

　本作品におけるワイス氏（を演じたマライア・キャリー）は損な役回りであ
る。AFDCの受給資格審査を担当する彼女は典型的な第一線職員（street-level
bureaucrats）である。ストリートと言っても必ずしも外回りをするわけではな
い。プレシャス一家を定期的に訪問し面談するのはターナー氏という別のソー

シャルワーカーで、メアリーの偽装にいつもコロッと騙されている。一方でワイス氏はいつも福祉事務所のオフィスか相談スペースにいて、肘掛け椅子に座って相手の話を聞いたり問い詰めたりしている。立場上冷たい人間を演じざるをえないこの人物に、しかしわたしは肩入れする。後述するレイン先生がはじめから「できあがった」人、完成された聖人然としているのに対し、ワイス氏の描写にはダイナミズムがあるからだ。プレシャスとの最初の面談時と、母メアリーをまじえた最後の対決シーンを比べると、ワイス氏にも見ちがえるような変化が認められる。それに、プレシャスの援助を考えるとき、最大のカギを握っているのは彼女を支配しコントロールするメアリーであり、このモンスター的な母との関係への介入抜きには事態は1ミリも動かないのは明白である。この最もしんどく忌まわしい仕事を引き受けたワイス氏は、プロフェッショナルとして立派だと思うのだ（それに比してレイン先生は「おいしいとこ取り」だけをしていると言ったら言い過ぎか）。

　ワイス氏とプレシャスとの最初の面談。きっかけは地元の公立中学校（ミドルスクール）を退校処分になったことだ。プレシャスの身分に変更が生じ、それがAFDCの支給に影響を与えることを母親は心配し、プレシャス自身が福祉事務所を訪れ給付金の申請をするよう命じられたのだ。プレシャスは学校で勉強を続けたいので受給申請したくない。だが母親に逆らえず仕方なくきている。他方でそれをむかえうつワイス氏の側も、どこか投げやりな態度だ。「家での生活のこと話して」と切り口上で始まるワイス氏に、「話すことないよ」と返すプレシャス。「ここは安全だから話して」「家庭のことではまず何が思い浮かぶ？」となお迫るワイス氏だが、姿勢は肘掛け椅子に頰杖をつきながらだ。相手の目を見ずポツポツと「自分のテレビがあれば部屋で見れる。母さんと見ないですむ」と返すプレシャス。家庭と聞いてまず思いつく話題がテレビ、しかもそれが「もし…だったらいいのに」とかなわぬ願望を語る形式で語られることが目を引く。プレシャスにとってテレビはその妄想癖と関係している。彼女は特につらい状況に陥った際、自分がセレブかスーパースターになって脚光を浴びている場面など非現実的なあらぬことを考え、現実逃避をはかる癖があった。その想像力の源泉はテレビだ。テレビ画面の向こう側に拡がる世界こそあこがれの世界なのだ。また一方で母メアリーにとってもテレビは世界に対

して開かれた唯一の窓である。

　ワイス氏はいぶかしげに、さらに家庭生活について話すよう促す。プレシャスはポツポツと母との日常を語る。「外出はナンバーズを買うときだけ。そんな母さんとブラインド下ろした部屋でテレビみて、食って。テレビみて、また食う。助けてくれる？」。話を聞くワイス氏に微妙な表情が浮かんでいる。今度は子どもに話を向ける。ダウン症だと言うと唖然とするワイス氏。同居の実態がないのに、孫のモンゴを対象に支給された AFDC を不正受給していることも洗いざらい話す（このことは給付の打ち切りにつながる）。さらに父親との関係に水を向けると、いきなり「あいつがわたしの子の父親」とプレシャスは言い出す。「なんですって？」とワイスは気色ばむが、自分の殻に閉じこもってこれ以上話そうとしない。話の続きを聞き出そうとイラつくワイスは、「あなたを助けるために必要なの」「わたしが嫌なら他の人に話して」「保護を受けるなら話す義務がある」と畳みかける。それに対して挑発的な表情で「この間はじめて医者に行った。最初の子はキッチンで産み母さんに蹴られた」と話すプレシャス。ワイス氏は茫然自失するばかりだ。

　最後の対決のシーンの前に、もう一度ワイス氏との対面シーンがある。会話のなかで「もう 1 年になる」という言葉が出てきて、相応の時間が二人の間に流れてきたことを示している。ここで不思議なやり取りが起こる。

　　**ワイス**：何を考えてる？
　　**プレシャス**：お母さんとの関係を話してくれないのね
　　**ワイス**：ええ、そうね
　　**プレシャス**：あなたを助けたいの。話して。ここは安全だから
　　**ワイス**：そうね
　　**プレシャス**：お父さんの話でもいい
　　**ワイス**：母や父や伯父の話をしてもあなたを助けることはできないのよ
　　**プレシャス**：あたしが嫌い？
　　**ワイス**：もう 1 年近く一緒にあなたの人生について話してるのよ
　　**プレシャス**：だからって好きと言える？
　　**ワイス**：わたしの気持ちははっきりしてるわ。あ・な・た・の・こ・と・が・好・き・よ

**プレシャス**：あなたイタリア人？　それとも黒人？　ヒスパニック？
　　**ワイス**：何人だと思う？　言って、何人だと思う？

　前半部分は最初の面談での質問攻めのシーンを、役割を替えて再演したものだ。だが意趣返しというわけでもなく、二人の間にはなにか温かい空気が流れている。その後唐突にプレシャスはワイス氏の出自（人種・民族）について尋ねる。逆質問されたプレシャスはそれに応えず、のどの渇きを訴える。ワイス氏はプレシャスと自分のために飲み物を買いに席を立つ。ここでプレシャスは意外な行動に出る。ワイス氏が席を外した一瞬の隙に自分のケースファイルを盗み出すのだ。そこには、学業を断念させ老人ホームの付添い婦の仕事を斡旋するという処遇計画が書かれていた[2]。席に戻ったワイス氏はそのことに気づかない。ソーシャルワーカーの顔に戻り、母親から再び同居したいという連絡があったことをプレシャスに告げる（これが最後の対決シーンにつながっていく）。

　ここで観客は冷や水を浴びせられる。なごやかな雰囲気のなかで、役割を離れて人間として向き合ったひとときは、ワイス氏を油断させるための計略だったのか？　一概にそうとも言えないだろう。二人の間に時間をかけて築きあげられた信頼関係はやはり本物だったと思う。最後の対決シーンでのプレシャスからワイス氏への別れの言葉、「わたしもあなたが好き。でもあたしは自由。進む道は自分で決める」を思い出そう。信頼と自立が、逆接の「でも」でつながっている。ワイス氏は、長い付き合いのなかでプレシャスとの間に信頼関係を確立し、彼女がおかれた状況を的確に把握できた。だからこそワイス氏は、対決シーンの最後でプレシャスが退席したあと、情に訴えてなおよりを戻そうと食い下がる母親メアリーを毅然と振り切って、母娘関係に最終的に幕を下させることができた。そうしたワイス氏の尽力に謝意を持ちつつも、プレシャスはソーシャルワーカーが提示した社会的処遇は拒絶する。彼女のどこにそんな力があったのか。そのヒントは、我が道を行く宣言に際して「テストのスコアは7.8だった」と誇らしげに言ったように、彼女が受けた教育のなかにありそうだ。それを考えるために、代替学校「イーチワン・ティーチワン」とレイン先生に目を転じよう。

## 5.　レイン先生──創発的包摂の支え手として

　プレシャスの代替学校1日目。この日は事務手続きとクラス分けのためのテストを受ける。ハーレムの目抜き通りの高層ビルにイーチワン・ティーチワンは入っている。受付に座っている黒人女性は結構つっけんどんで事務的だ。「GEDクラスはテストでスコア8.0（8年生レベルの学力水準）以上でないとムリ」と無慈悲に告げられる。ちなみに彼女は前に通っていた公立学校で9年生のクラスにいた（Sapphire 1996=2010: 44）。読み書きのテストを受けるプレシャスは苦悶の表情をうかべ、鉛筆の動きもにぶい。プレシャスの心のうちの独白。「テストはいつもイヤ。まるでできそこない。あたしや母さんがバカ以下に思えるよ」（原作では「テストはあたしとかーさんを、あたしの家族みんなを、ごみくず以下に、すがたの見えない人間のよーに見せる」（前掲: 45））。

　テストの結果、プレシャスの読み書き能力は2年生レベルしかないことが判明する。GEDクラスどころの騒ぎではない。より基礎的な準備教育をする予科クラス（その受け持ちがレイン先生）に入ることになった。ここでテストについて考えてみよう。彼女の独白から読み取れるのは、度重なる学校でのテスト経験が尊厳を奪い、自我を打ち砕いてきたことに他ならない。しかし屈辱の上塗りでしかないこのテストによってはじめて、彼女が読み書きの学習障害をかかえていることが判明する。前の学校ではそのことが放置され、惰性で年齢とともに進級していただけだったのだ。そのことの「発見」がなければ、後述するレイン先生の取り組みは始められなかった。包摂と排除というテーマを考える上で、テストが両義的な性格をもつものであることを念頭においておきたい。

　プレシャスの「登校」初日。朝から鏡の前でおしゃれに余念がない。ところが彼女がのぞきこむ鏡に映っているのは、金髪・碧眼・細身の白人女性である。どうして？　つまりはプレシャスの妄想なわけだが、こんなところにダニエルズ監督独特のどぎつい演出がさく裂している。家を出たプレシャスが立ち寄るのが「南部風フライドチキン」のお店。しかし彼女には1セントの持ち合わせもない。注文した品はフライドチキン十ピースのバスケット盛り（みているだけで胸焼けしそう）。店員の一瞬の隙をついてバスケットを抱え食い逃げする

プレシャス。道すがら、うまそうにフライドチキンをむしゃぶり食うが、イーチワン・ティーチワンに着いて廊下のベンチに座っていると吐き気がこみ上げ、フライドチキンをゴミ箱に嘔吐してしまう。ぐったり座りつくすプレシャスは、人生のどん底にいる人間の姿そのものだ。とそのとき、誰かが廊下をこちらに歩み寄ってくる。レイン先生だった。「予科クラス？　はやくきなさい」、そう言って教室の方へ戻っていく。プレシャスは動かない。立ち止まり、一つため息をついてプレシャスの前に戻ってくる。「名前は？」「クレアリース」「こないの？」「…」、そして再び歩きながら「ドアは20秒後に閉める」。プレシャスはその後ろ姿を目で追う。レイン先生の行く先からは光があふれている。光の輪のなかへ歩み入っていくプレシャス。ここも過剰な演出だが、光の世界＝包摂への道はまず自分の足で第一歩を踏み出さねばならない、当たり前だが大切な真理が表象されている。

　教室のなかには六名の仲間がいた。まず自己紹介からはじまる。名前、生まれた場所、好きな色、得意なこと、なぜこの学校にきたのか、以上をめいめい話すように言って、まずレイン先生が自分から口火を切った。ジャマイカ出身のロンダ、薬物中毒で学校を辞めたリタ、ブロンクスに住む黒人ジャメイン、コンスエロはパス、次のプレシャスも一旦パスする。最後はブルックリン出身の黒人アン。これで一巡したので授業を始めようとするが、ここでプレシャスが手を挙げ自己紹介をはじまる。「ハーレムに住んでて、黄色が好き。前の学校でトラブったからここにきた」。「得意なことは？」とレイン先生に促され、「何も」と答えるが、誰にでも何かある、と再度促され、「料理ができる…クラスでしゃべったことない」。レイン先生「どんな気分？」プレシャス「ここは…あたしのいる場所」。ここまでプレシャスの声を聞いて、レイン先生の顔にいろんな思いが浮かぶ。しかし彼女はここですかさず踵を返し、教師の声に戻って全員に指示を出す。「ノートを開いて、一番上に日付を。そして書いて。スペルや文法がデタラメでもとにかく書く。感じるままに」。このやり方にプレシャスは面食らう。以前の学校では国語の時間はただひたすら黙っているだけだった。ところがこちらでは毎日書かなければいけないらしい。

　ある日の授業終了後、教室の後ろにくっついた教員準備室でレイン先生とプレシャスが向き合って話している。目の前の絵本をつかんで「この本を声に出

して読んでみて。意味がわからなくても、つっかえてもいい。知ってる言葉だけでも」。プレシャスの顔がゆがみ、母親の悪罵がフラッシュバックしてくる。「勉強なんかムダさ。あんたはどアホ」。中断して救急車を呼ぼうとするレイン。それを制止して「全部おんなじに見える」と告げるプレシャス。前の学校で国語の成績「A-」とされていたことの真実がここに露呈される。レイン先生と"d""a""ý"、"day"、と 1 文字ずつ確認しながら這うように読み進めていくプレシャス。

　こうしてレイン先生とプレシャスの読み書きの学びは始まっていった。ノートに書かれたプレシャスの作文はさながら暗号文のように、意味をとるのに四苦八苦するしろものだったが、レイン先生はねばり強くそれに付き合っていく。作文もほんの少しずつだが向上していく。レイン先生の関与は学習面以外にも及んだ。たとえば、福祉事務所でのワイス氏との会話のなかで、はじめて医者というものにかかったというくだりで「レイン先生、腰抜かしてたよ」とプレシャスは言っている。健康を心配したレイン先生が病院を訪れるようプレシャスに強く促したのだろう（付き添って行ったのかもしれない）。もう一つの印象的なエピソードは、第二子を抱え帰宅したプレシャスが、母親とのいさかいがもとで家を飛び出し、ホームレスに転落する危機に陥ったときだ。雪の降る晩、プレシャスは鍵を壊してイーチワン・ティーチワンの施設内に不法侵入し一夜を明かした。そこが彼女の最後のセイフティーネットだったのだ。翌朝レイン先生が出勤しプレシャス母子を発見する。そして授業を返上して方々に電話をかけまくり、二人の落ち着き先を探してくれた。この役割逸脱をありがたく思いつつ、プレシャスは「彼女の専門は"ABC"でソーシャルワーカーじゃない。でも他に誰が？」と自問する。レイン先生の尽力で、無事に中間施設を見つけることができた。おまけに数日間、プレシャス母子はレイン先生の自宅に厄介になった。そこで先生は女性パートナーと暮らしており、レズビアンであることをプレシャスははじめて知る。

　レイン先生との関係のクライマックスは、エイズ感染で心が折れそうになったときの作文の授業のシーンだ。プレシャスのノートには「なぜわたしが？（Why Me?）」とだけ書かれている。理由を問う先生に対して「あたしＨＩＶ陽性だって。今日は何も書けない」と涙をこぼすプレシャス。レイン先生も悲痛

な表情をみせつつ書くことを促す。それに対し「ふざけんな！（Fuck you!）何もわかんないくせに」とノートを投げつけ感情を爆発させる。それでもレイン先生は「書いて」と言い続ける。

**プレシャス**：いやだ、もう疲れた
**レイン**：あなたを愛する人たちのために
**プレシャス**：そんな人いない
**レイン**：みんな愛してる
**プレシャス**：ウソ言わないで先生、愛なんて最悪なだけ。ぶちのめされ、レイプされた。ケダモノって呼ばれ、自分がミジメだった。愛なんてへどが出る
**レイン**：そんなのは愛じゃない。わたしはあなたを愛している

　シーンはここで終わっていて、教師の働きかけが奏功して作文が書けたのかどうかは分からない。だがいずれにしても確かなことは、この場面のプレシャスのように存在を打ち砕かれる苦悩に直面したときこそが、読むことや書くこと、それだけにとどまらずあらゆる学習体験の真価が試されるということだ。
　最後に強調しておきたいのが、レイン先生のもとでの予科クラスの学びは単に形式的な読み書きの学習にとどまるものではなかったことである。それは黒人としてのアイデンティティ確立の学習である。映画では少しほのめかされているだけだが、原作では、300人以上の逃亡奴隷の手助けをして「女モーセ」と称えられたハリエット・タブマンのポスターをレイン先生がくれたこと、あるいは黒人家族史を描いた大河ドラマ『ルーツ』を見なさいとレイン先生に言われたというくだりがある（Sapphire 1996=2010: 92）。プレシャスはイーチワン・ティーチワンで人間解放の歴史についても学んだ。こうしたエッジの効いたカリキュラムが実施可能だったのも、先にみたようなオルタナティブ・スクールの特性に基づくものである。そしてこうした学習がプレシャスの社会的アイデンティティに大きな影響を及ぼしたことが、映画のラスト近くで印象深く描かれている。母との最後の対決に臨もうとするとき、階段の前にあった鏡をふと見つめるシーンである。そこにはプレシャス自身の姿がはっきり映って

いた。彼女はもう、白い肌やブロンドの自分を夢想したりしない。現実にしっかり足のついた主体として自己を形成していたのだ。また代替学校での解放の学習は、道徳的自己非難の対象から「レイプ被害者」へと、彼女がアイデンティティを書き換えることにも大いに寄与した点を付け加えておきたい。

## 6. 本章のおわりに

　本章では、黒人少女を主人公とするアメリカ映画『プレシャス』を通して、第４章で示した創発的包摂の概念を肉づけし、具体的イメージを豊かにすることを目的とした。創発的包摂とは、マイノリティが対象化されることなく自ら包摂の主体となることを指す概念である。劇中のプレシャスはまず家庭内で、性的搾取、経済的搾取（家事労働の押し付けと AFDC 給付金の横領）、精神的貶めなど幾重もの排除を受けていた。さらに彼女の家族全体がアメリカ社会における黒人―白人の人種間権力関係のなかで、排除される立場にあった。こうしたプレシャスの状況に対して、「居ながらにしての救済」をおこなう扶助制度（序章の同心円モデルでいう純包摂）はまったく無力であった。それどころかAFDC 制度は、母親によるプレシャス搾取の道具として利用される有様だった。他方で公立学校は、第２子を妊娠したプレシャスを退校処分にし、一層の苦境に追いやった。同心円モデルで言うところの社会移動はまったく機能していなかった。ここで重要な役割を果たしたのが、AFDC の適切な執行と必要な調整をおこなう役目のソーシャルワーカーのワイス氏と、公立学校から排除された子どものセイフティーネット[3]である代替学校の教師、レイン先生であった。この二人が創発的包摂を大いに後押ししたのである。

　ワイス氏の役割は地味な黒子的なものであるが、結果的にプレシャスの創発的包摂を下支えする役目を立派に果たした。よりを戻そうとする母親の懇願を断ち切り、プレシャスの生き難さの最も基底部にあった母娘関係の最終的な清算をおこなったのが、その最大の貢献であった。もともとワイス氏は行政機関に所属するソーシャルワーカーであり、その行動は種々の制約にしばられている。プレシャスとの関係においても、当初はその無機的・官僚的側面が前面に

出ていた。しかし関係が安定化し深まっていくにつれ、訊く−答えるという役割関係に揺らぎが生じ関係の「人間化」がみられることもあった。ただ、本人の意向をきちんとくみ取らずプレシャスに低賃金の仕事への就労を勧めようとしたのは、アメリカ政府が方針とするワークフェア政策を機械的に当てはめようとするものだった。ソーシャルワーカーとしてのワイス氏の限界である。

　劇中で示されるプレシャスの妄想には、痩身と白い肌というルックスを手にした自分への憧憬がふくまれていた。代替学校でのレイン先生のかかわりには、読み書きのスキルの獲得もさることながら、太身で黒人というありのままの自分を受け容れる土壌づくりという大きな意義があったのではないか。代替学校での学びは、これまで否定的な色で塗りこめられてきた自己像を描き直すのに不可欠なリテラシーの獲得作業であった。創発的包摂にとって最も重要な、新しいアイデンティティの定義づけへの支援に深くかかわったのが、レイン先生だったのだ。そもそも代替学校の教師は、生活の全領域を包括するソーシャルワーカーと異なり、教育という限定された領域での支援を担当するプロフェッショナルである。にもかかわらず、赤ん坊を抱え行く当てのなくなったプレシャスが迷わずレイン先生に助けを求めたことに象徴されるように、その存在は精神・物質の両面におけるよりどころであった。興味深いのは、社会的役割の限定されていた筈のレイン先生のほうが、プレシャスの全生活領域に深くかかわるようになっていったことである。ただ、レイン先生は学業と子育ての両立は不可能とみて子どもの施設養育を勧めたのに対し、プレシャスはその勧めを跳ねのけた。あくまで教育を中心にプレシャスの人生を考えようとするレイン先生の限界がここに垣間見える。レイン先生の側からみればこのプレシャスの「反抗」は、第2章で提起した「平凡でないマシーンとしての生徒」への直面といえるかもしれない。また、自宅に生徒を宿泊させるといった献身的な行為は、実践の持続可能性といった観点からは疑問が生じる。プレシャス一人に対しておこないえたかもしれないことが、いつでも、誰に対してもおこなえるとは限らないのである。

# ❖ 註

1　この解釈については、2020 年度東京大学大学院教育学研究科での集中講義「包摂と
排除の教育学」、および京都大学大学院人間・環境学研究科「人間形成論 2」受講者
のいくつかの提出レポートより示唆を受けた。この点に限らず、『プレシャス』を視
聴して書かれた受講者のレポートからは多くを学んだ。記して謝意を示す。

2　ワイス氏は次のように処遇計画を書き込んでいた。「この若い女性が GED を取り、
さらには大学へ進むのに要する時間と資金は、相当のものになるだろう。現在、学
校へ通ってはいるものの、職業教育を受けているわけではない。授業のほとんどす
べてが、言語の取得［に充てられている］。担任教師のミズ・レインは、文を書くこ
とと本を読むことにたいへん重きを置いている。…プレシャスは現在、職業につく
ことが可能な状態にある。1990 年 1 月に、長男は 2 歳になる。福祉制度改革の精神
にのっとるなら、現行のさまざまなワークフェアプログラムの恩恵を受けることが
できるのではないだろうか。勉学面では明らかに限界があるものの、付添い婦とし
て働く力はじゅうぶんに備えている」(Sapphire, 1996=2010: 174-175 一部訳文変更)。

3　このように中等教育機関がセイフティーネットとして機能する可能性について日本
でも研究が進んでいる。高等専修学校を対象としたものとして伊藤 2019 を、定時制
高校を対象としたものとして佐川 2020 をあげておきたい。

## 第6章

# 公私融合の混迷状況で読み解く
# 〈包摂と排除〉
──教育基本法改定前・後の比較から

## 1. 本章のはじめに

　この章では、2006年の教育基本法改定が戦後リベラリズム秩序の終焉を告げる象徴的意味をもつとの解釈のもとで、教育を中心として〈包摂と排除〉をめぐる現況を、公私融合という視点から眺望しようとしている。戦後リベラリズム秩序とは、教育、養育（福祉）の領域の担い役を、学校、家族というアクターがそれぞれ排他的に独占するものだった。これは一面では公私棲み分け体制であったと言える。他方、21世紀の到来から今日まで続くのは、この棲み分けが崩れた「公私融合」の状況である。すなわち、弱体化によりかつてのように単独で領域を担えなくなった学校と家庭が、互いに他を補助的支え手と期待し寄りかかろうとしている。クロスオーバー型社会とか「新たな公共」が言祝がれる現在だが、一皮むけばこのように、共倒れの恐れのあるきわめてリスキーな状況が顔を出している。

　上記のような意図をもつ本章もまた、序章で提示した〈包摂と排除〉の同心円モデルの批判と克服をめざすものである。現在、福祉（社会保障）と教育の接続が高い関心を集めるなど、単数ではなく複数の同心円がイメージされ、その接点における包摂をめざす議論がなされている。だがわたしは複数機能システム間の連携という未来図に懐疑的である。ここで提示するのはもっと悲観的な図式である。福祉と教育との接近は「否応なき接近」であり、そこに多く

の「不幸」がはらまれているのではないか。この点を論証するため、以下の手順をとる。まず、わたしがかつて、生存・生活保障と教育との接続について論じた論稿（倉石 2015）を振り返り、そこでクローズアップした仁平典宏による原理的問題提起のインパクトを確認する。それに引き続いて、20世紀後半の日本を支配したリベラリズム的公私並立の秩序を、いくつかの補助線を借りて描き出す。また、この秩序が教育と福祉の結合可能性を担保する「懐深さ」を持っていたことを示す好例として、戦後特殊教育の事例を挙げる。後半ではリベラリズム的公私並立秩序が動揺し、両ラインが複雑にクロスオーバーする公私融合状況が顕在化した世紀転換期以降を描き出す。わたしはこの状況を、脆弱化したアクターどうしの支え合いにより共倒れのリスクが極めて高い、危機的なものと捉えている。つまり福祉（社会保障）と教育とは、規範論としてその接続や連携を云々する以前に、種々の構造的ファクターにより否応なく接近を余儀なくされたという論旨である。最後に、こうした状況をひきうけソフトランディングしていくために、一体どうすればよいかについて若干の考察をする。

## 2. 前提となる議論

### (1) 拙稿「生活・生存保障と教育をむすぶもの／へだてるもの」（倉石 2015）の反省

　筆者はかつて、教育と福祉との接続について、公共性の喪失と復権という視角から考察を試みたことがある（倉石 2015）。そこでは、生活・生存保障と教育の論理とをむすびつけるくわだてを、戦後日本における「教育福祉」のコア部分を構成してきた「学校にこない子ども」への取り組みの系譜としてつかみ直そうとした。まず、敗戦後の痛手からの回復期に実施された新学制下での長期欠席・不就学対策の取り組みに注目し、顕著な実践例として 1950 年代の高知県の福祉教員に注目した（本書第 1 章、補章参照）。そこでは教育から生活・生存保障へと至る筋道がすんなり開けたわけではなく、むしろ福祉教員たちは概して両者のむすびつきに悲観的であり、そこに苦悩の源泉があった。だが逆

説的にもこうした悲観や苦悩の存在そのものが、教育が生活・生存保障にかかわることへの期待感やその余地の大きさを証明していた。

　しかし時代が下り、1970年代に長期欠席率が反転上昇に転じそれが「登校拒否・不登校」と呼ばれる1980年代以降の「不登校」の時代に移るなかで、生活・生存保障と教育とがむすびつく条件は掘り崩されてしまった。援助者のまなざしは子どもの生活世界から反転内向して学校や教室内部に、ひいては子どもの内面奥深くに向かった。心理学化された不登校言説が隆盛をきわめる陰で、生活・生存保障という視点は限りなく希薄になってしまった。この背景には都市化の進展などによる「学校の生活離れ」（浜田1998）という要因もひそんでいた。こうした現状認識に立って筆者は、危うくなってしまった教育と生活・生存保障（福祉）との結びつきの回復は、取りも直さず教育の公共性復権という課題に直結するものであり、教育もまた、生活・生存保障という大プロジェクトの一角に列するものだという自意識に立ち帰ることが重要だと結論した。

　以上が倉石（2015）の概略であるが、ここには種々の論証上の欠落がある。そのなかでも最も大きな問題は、1950年代と1980年代という特定の時期を切り出して戦後社会の構造変化を示そうとすることで、かえって両時期をつらぬく構造的同質性や、21世紀に入ってはじめて決定的に明らかになった種々の変動が見落とされてしまったことである。またこの議論の視野が非常に狭く、そこでのアクターは学校関係者（教師、教育行政関係者等）に限られ、たとえば家族（家庭）といった重要なアクターが射程に入っていないのも大きな問題である。これらの点を克服する試みを、本章第3節および第4節でおこないたい。

## （2）仁平典宏による〈教育福祉〉批判

　他に拙稿の課題の一つに、生活・生存保障と教育とのむすび直しを規範論として提起することで、論証抜きにその価値規範性を前提としている点がある。むしろ問われなければならないのは、本当に両者のむすび直しが必要なのか、社会保障や福祉にとって教育という存在がいかなる積極性を発揮するのかという問いである。この論点をめぐり重要な問題提起をしているのが仁平典宏であ

る（仁平 2009; 2014a; 2015）。上掲拙稿においても、むすび直しの議論に根本的疑義を呈する可能性のある議論として言及したが、到底その批判に応えることはできなかった。まずここでは仁平の議論の概略を示すことにする。

　仁平の議論の根底にある時代診断は、福祉国家の後退、新自由主義の台頭によって国家が社会保障から退場し、そこに生じた空洞を埋めるべく流れ込んできたのが、〈教育〉の論理だという認識である。この事態を仁平は、教育の論理による生存権の浸食として批判的に捉えている。それを裏づける事象の一つが、社会保障支出全体を抑制しつつ、その内部で教育・職業訓練抱き合わせの給付の比率を高め、さらに総福祉支出の軽減をめざすワークフェアへの転換という現象である。

　教育の論理による生存権の浸食という事態を端的に示すのが「シティズンシップ教育」の興隆である。仁平は、福祉国家の弱体化と新自由主義の台頭にともない、シティズンシップ概念そのものが変容をきたしたことに注意を向ける。かつてシティズンシップ概念の根底にあったのは、国民国家の成員に対する無条件の生存権保障を主張する T・H・マーシャルのものだった（Marshall 1950）。この無条件の生の保障という考え方が教育の論理と相性が悪いのはほぼ自明である。と言うのもマーシャルの言うシティズンシップにおいては「納税などの義務が形式的・受動的にあるばかり」（仁平 2009: 189）で、人びとの能動的・主体的社会参加は何ら要請されていなかったからだ。仁平はこの事態を、この概念には「教育の居場所がない」と記述した（前掲: 189）。一方、社会保障からの国家の撤退とともに、「社会的シティズンシップ」概念は、新たに台頭した「行動的（活動的、能動的）シティズンシップ」へと道を譲ることになる。そこでは国家の退場により生じた公共サービスの空隙を、市民の能動的、活動的参加が埋めていかねばならない。また新たな概念は、能動的で活動的な主体形成をめざす「シティズンシップ教育」と実によくウマが合う。シティズンシップ教育は市民の義務や責任の面も強調し、福祉に依存しない自立性を強調することで新自由主義をアシストする。このように新たなシティズンシップ概念を介して、教育と福祉の接合は社会保障の〈教育〉化として再定位される。こうした批判に立脚して仁平は、あくまで教育から自立した社会保障のあり方を構想するべきだと主張している[1]。

## 3.　20 世紀後半のリベラリズム秩序と戦後教育学という「知恵」[2]

　本節では、世紀転換期以後現在にまで至る状況とコントラストをなす 20 世紀後半の秩序のあり方を、その象徴をなす（旧）教育基本法と関連づけながら描き出すこととする。本節と次節での秩序描出作業にあえて教育基本法を持ち出すのは、周知のようにその改定によって公教育に占める家庭の位置づけに大きな変動が生じ（倉石 2017）、これが公私並立のリベラリズム秩序から公私融合のクロスオーバー状況への推移というわたしの認識に、非常にマッチするためである。

### （1）旧教育基本法とリベラリズム秩序

　1947 年制定の（旧）教育基本法をめぐっては、その制定経緯を詳細に検討する研究やそこに体現された考え方の教育思想的考察など膨大な研究の蓄積がある。だが本章では既述の問題意識に即して、2007 年改定の新法とのコントラストを敢えて際立たせる形にその世界をデフォルメしながら、そこに体現された秩序を浮き彫りにしていく。

　ここで参考になるのが、政治学者・辻由希による世紀転換期日本の家族主義福祉レジーム再編に関する研究である（辻 2012）。ここで辻は 2007 年の教基法改定を、公的介護保険の導入、児童手当の拡大、児童虐待防止策の策定、DV防止法制定といった世紀転換期に連続した福祉レジーム再編のなかに位置づけた。教育と福祉・社会保障の両方をにらみ、家族という重要アクターを取り込んだその議論に、本章は学ぶところが多い。

　辻によれば旧教育基本法は「公と私の分離を前提に、教育責任は国家にあると考え、市民育成を目的とする教育システムを志向するものであ」り、そこでは「家族は子どもを養育する義務があるが、教育については定められていな」かった（辻 2012: 192）。つまりこの秩序においては、公教育（学校）と家庭（家族）というアクターはそれぞれ公共圏、親密圏にその活躍の舞台を指定され、限定された使命を割りふられると同時に、両アクターともそれぞれの分担を超

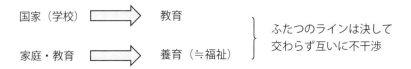

**図 6-1　旧教育基本法に表現された古典的リベラリズム図式**

えた世界に越境することを免責（禁止）されたのである。この秩序をリベラリズム秩序と呼ぶことには注釈が必要だろう。それは教条的に教育（特に国の関与の避けられない公教育）をリベラル＝価値中立と規定したものではなかった。逆に歴史の故知に徹底的に学び、それは教育の価値負荷性を強く意識していた。そのことを自覚するがゆえ、教育の暴力装置としての禍々しさを公的世界に封じ込め、その影響が私的世界に及ぶことがないように設計されたのが（旧）教育基本法の秩序だったと言える。この公私分離、相互不介入の原則を表現したのが**図 6-1**である。

　この図式において言えることは、学校教育は第一義的に、生活・生存保障や社会保障といった福祉のラインにつながる諸課題から免責されていることである。左右の立場を問わず戦後教育がときの政治的イシューに深くコミットし、激しい闘争に"かまける"ことを可能にしたのが、リベラリズムの構図に基づくこの「免責」であった。家永訴訟の杉本判決の例にみるように、このリベラリズム秩序がときの公権力による私的世界への介入に対する防波堤の機能を果たしたことは事実である。だがここで論じたように半面でそれは、「公」としての学校教育が生活・生存保障や社会保障といった「私」的課題から自らを切り離すことを助長し、それを家庭（家族）というアクターに丸投げするのにも寄与した。たしかに倉石（2015）で論じたように戦後初期には、長欠不就学問題を契機として、福祉教員に代表されるように教育と福祉をむすびつけようとする一定の機運があった。だがそれは、一部で熱心に取り組まれる局地的なもの以上に発展して普遍化されることなく、戦後初期を彩る 1 エピソードとして霞んでしまった。そのことはこの秩序の下での学校というアクターの脆弱さを物語るのでなく、逆にその「強さ」の証左である。この並行図式のおかげで学

校は、教室での学びを脅かす恐れのある子どもの貧困や困窮への配慮という重責を免れ、公事として自己規定した教育の営みに没頭できたのである。

　またこのリベラリズム秩序を下部からしっかり支える、物質的基盤が存在したことを強調しておかねばならない。それが、堅調な経済成長を前提に家族への依存と企業福祉依存を柱とする「日本型生活保障システム」（仁平 2014b）であった。この福祉レジームにおいて家庭（家族）というアクターは、養育という任務に縛りつけにされ、公的世界から疎外されている。しかし裏返して言えば、それは家庭（家族）というアクターの「強さ」のあらわれでもある。なにしろ家庭は、経済や雇用の偶然的な好条件に支えられていたとはいえ、ほぼ他の助けを借りず独力で（貧弱だった公的福祉をあてにすることなく）養育の領域を一手に担っていたのだから。

　だが戦後教育の世界は思いのほか懐が深かった。あくまでこのリベラリズム図式の枠内での限定されたかたちでだが、学校教育が福祉のラインと接点をもつ機会があった。そのことを小玉重夫による戦後教育の「二重構造」説をヒントに、発達保障論・戦後特殊教育をケーススタディーにして論じてみよう。

## （2）教育・福祉の結合余地と発達保障論・戦後特殊教育という「作品」

　小玉重夫は公儀と秘儀という用語を用いて、戦後教育学の二重性を解き明かしている（小玉 2016）。それによれば戦後教育には、激しいイデオロギー性という側面と同時に、教育的価値の中立性に依拠し脱政治的な「子どもの発達」に軸足をおいたリベラル言説の一面もあるのだという。この二重性の議論を先の図 6-1 に適用すれば、並行図式の一角を崩す**図 6-2** に示す破線のようなラインが存在するということになる。この破線のラインの意味は、リベラリズム秩

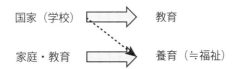

**図 6-2　戦後リベラリズム秩序の懐の深さ（結合への抜け道）**

序の枠内で学校教育が福祉（養育）との結合余地を残しているということである。この可能性が具現した典型例を、1979年の養護学校義務化を頂点とする戦後特殊教育とその理論的支柱である発達保障論にみることができる。

　戦後特殊教育や発達保障論についても膨大な議論の蓄積があり、本来ならばそれらを尊重せねばならないが、敢えてここでは議論を単純化する。ある局面において学校教育が、養育あるいは福祉的な要素を不可分にもつ障害をもつ子どもへの取り組みに接近するには、図6-1の図式において公的世界の渦中でまとっていたかたい鎧を脱ぎ、価値中立というフィクションに自らを委ねなければならなかった。こうした“脱皮”が見事になし遂げられた事績として、養護学校を軸とする戦後特殊教育やその理論的基盤としての発達保障論を位置づけることができる。

　戦後特殊教育の世界を暖かいまなざしで描いた作品に、名匠山田洋次監督の『学校Ⅱ』（1996年）がある。この作品のなかに描かれたあるシーンに、本章でいま論じている教育と福祉との結合、それを可能とする価値中立への“脱皮”が凝縮されていると思われるので紹介する。北海道の高等養護学校を舞台とするこの作品では、普通高校を希望していたのにこの学校に配属された新米教師（永瀬正敏）の苦悩と葛藤の日々が描かれている。ある日、受け持ち生徒の大暴れが特にひどく、うちひしがれて戻ってきたこの男性教師が、同僚で障害児教育に精通するベテラン女性教師（いしだあゆみ）と次のような会話をかわす。

---

**永瀬**：でもね、僕はあいつを追いかけ回すために教師になったんじゃないんですよ。保育園じゃあるまいし、何で僕があいつのウンコやオシッコの世話までしなきゃなんねんだ。子供ならまだいいですよ、あいつのオシッコやウンコは猛烈臭いんだ

**いしだ**：あなたの今の言い方、少しおかしいわよ

**永瀬**：どこがですか

**いしだ**：保育園じゃあるまいしとあなたは言ったけど、保育園で子供のオシッコやウンコの始末をするのはそんなに程度の低い仕事なの？　大学の先生は偉くて幼稚園の先生は偉くないとでも思ってるの、あなたは

---

> **永瀬**：限度があると言うことですよ。この二ヵ月佑矢一人に僕がつきっきりなんですよ。そんなの学校のあり方として不公平だと思いませんか
>
> **いしだ**：<u>ちっとも思わない。いずれあの子たちはここを卒業したら、この国のすさまじい競争社会に放り出されるのよ。せめてこの学校にいる間は精一杯愛してあげたい。自分にも母校があるんだっていう思い出を佑矢にも作ってあげたい。それがどうしていけないの。何が不公平なの</u>
>
> （山田・朝間 1996: 85-86　下線は引用者）

　女性教師の最後のせりふは、障害児教育のエキスパートとしての矜持を語っているようでいて、どこか諦観も漂っている。学校教育は産業社会の担い手へと生徒を強制・同化することを前提に、その主流から外れた特殊教育の場は社会的にまったく無力な存在だと自ら宣言しているのだ（「せめてこの学校にいる間は…」）。卓越性追求を原理とし一定の価値の強制・同化をともなう教育と、平等性を原理とし無条件の生の保障をうたう福祉（橋本 2013）という相容れないものの間で身をよじる苦悩の叫びである。その間隙を埋める論理構築は、たとえば発達保障論にコミットする研究コミュニティだけでなされているのでなく、この映画のなかの教師のように、現場に立つ無数の実践者の手で日々おこなわれているのである。

　さきに参照した小玉重夫の議論からは、戦後教育学の二重構造やとりわけ脱政治化した「公儀」に批判的なニュアンスが感じられる。だがわたしの立場は少し違っていて、それを二枚舌ではなく柔軟さあるいは懐の深さとして捉え直そうとしている。言うまでもなく本章は戦後特殊教育や発達保障論を全肯定しているのではなく、それが一定の制約のなかで発揮された一つの知恵だったことを強調しているのだ。リベラリズム秩序が次項でみるように無効となった現在、それらが再審を免れないことは言うまでもない。

# 4. 21世紀の「教育福祉」が抱え込んだ不幸な条件

　前節で描いた20世紀後半のリベラリズム秩序を念頭におきつつ、世紀転換期以降この秩序が掘り崩され、公私分離に代わる新たな秩序＝公私融合が台頭しつつある今日までの状況を描いてみたい。それによって、今日「喫緊の課題」とされる教育と福祉の接合をめぐって、加熱する論議をクールダウンする視角を提示する。

## （1）改定教育基本法が体現する公私融合世界

　21世紀初頭に実現した教育基本法改定をめぐっても多くの議論が蓄積されているが、ここではポイントを公私分離から公私融合への切り替えという点に絞って進めていきたい。前出の辻由希の議論に依拠して改定のポイントを整理すれば、第一に教育の責任が国家にあるという点は旧法から受け継ぎ（ある意味で強化）つつもその責任の分有主体を家庭（家族）にまで押し広げた。第二に教育目的を旧法における市民育成から国民形成へと大きく舵を切り、「個人の価値・心情の自由よりも優先されるべきものとして、伝統の尊重や愛国心を位置付ける」立場を鮮明にした（辻 2012: 193）。前者の立場を明確にしたのが新たに加えられた第十条「家庭教育」の条項であり（倉石 2017）、後者が形になったのが第二条「教育の目標」に書き込まれた種々の項目であった。特に家庭教育条項については、旧法制定過程では教育刷新委員会の議論で一部から提起されたものの大方の賛同をえられず見送りになった経緯（桜井 2005）と対照的に、今回はすんなり採り入れられた。これらの点を踏まえ、図6-1に示したリベラリズム秩序の根本的立て直しを企図した、改定教育基本法のビジョンを表現したのが**図6-3**である。

　旧法の「公私分離」モデルの乗り越えの論理的帰結として、国家（学校）というアクターの手が従来私的営みとされてきた養育・福祉領域へと伸びていくベクトル③と、家族アクターから公的領域の教育へと伸びていくベクトル④が新たな問題として浮上することになる。だが基本法自体にはその詳細をめぐる

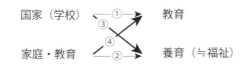

**図 6-3　改定教育基本法の「公私融合」ビジョン**

規定はなく、むしろこれらは現実の社会の動向のなかで具体化していくものである。そこで項を改めて、学校と家族・家庭という 2 大アクターをとりまく状況の変化を視野に入れつつ公私融合の諸相をみていく。

## (2) 両アクターの脆弱化──公私融合の背景

　教育基本法改定をめぐってはさまざまな解釈があり、特定の政治的立場や政治勢力の強行を指摘する声があることも承知しているが、ここでは辻由希らの議論に学び福祉レジーム再編に組み込まれた動きの一部をなすものと見なして進めていく。まず、こうした再編が進行する前提条件として、かつて旧秩序（日本型生活保障システム、戦後教育のリベラリズム秩序）の下でそれなりの「強さ」をもっていた 2 大アクターの家庭と公教育（学校）に対して世紀転換期から逆風が吹き始め、動揺、脆弱化（図 6-3 におけるベクトル①②各々のやせ細りや変質）が起こっている点を確認する。

　家族・家庭を見舞った最大の変動は、経済その他のグローバリゼーションにともなう労働や雇用の流動化、それによる家計の逼迫であろう。日本では 21 世紀に入ってから一気に貧困問題が顕在化し、「子どもの貧困率」が OECD 諸国でも最悪水準に高止まりしている現状は周知の通りである。さらにこうした経済条件の変動の帰結として共働き家庭やひとり親家庭の増加、保育の受け皿不足の問題も指摘されている。また親族や近隣のネットワークからの家族の孤立という点も、養育アクターとしての脆弱化に大きく寄与している。こうした状況を反映して、子どもに介護やケアの負担のしわ寄せがいくいわゆる"ヤングケアラー"現象が注目を集めている（林 2016; 澁谷 2018, 2020）。こうした家

族自身の「体力低下」に加え、日本型福祉の両輪であった民間企業をめぐる環境も厳しさを増し、その福利厚生機能が大きく低下し家族の負担増に拍車をかけている。

　一方で学校・公教育をとりまく状況も厳しさを増した。臨教審路線以来の公教育のダウンサイジング論は、世紀末からの不況や財政赤字の拡大でいよいよ勢いを増した。特に教育部門への直接経費支出は大きく停滞している。これとあいまって公教育の威信低下、私立学校や教育産業の隆盛が進んだ（「教育依存と教育不信の時代」）。少子化を背景とする公教育の擬似市場化、学力テスト体制下での説明責任圧力の増大、政治主導・教育行政への首長介入が進行し、教育現場は疲弊の度を増している。かつて戦後教育学の「公儀」であった発達系の甘い言葉では包みきれない荒々しい地金が露呈しているのが現状である。


## （3）クロスオーバー＝支え合い状況のリアル

　以上を踏まえ、公私融合状況のなかで浮上してきた新たなクロスオーバーの諸相を、図6-3のベクトル③と④に即してみていきたい。まずベクトル③は「介入」のベクトルである。かつて家族が養育機能をほぼ独占していたその領域に、子どもとかかわる別のエージェントだった学校が乗りだしてきたことを表現している。その中心となっているのは狭義の「教育福祉的援助」であろう。最もよく知られているのはスクールソーシャルワーカー配置事業の全国展開、「学校をプラットフォームとする」貧困対策の拡充などである。また「子ども食堂」は基本的に民間の事業であるが、一部で学校に場を借りて夏季休暇中に昼食を提供する事業も実施されている。これも介入ベクトルの変種であろう。また貧困問題以外のフィールドでも介入は活発化している。学校の教員に対して近年、児童虐待の「発見」「通報」が義務づけられたこともまた、介入ベクトルの台頭現象であろう。

　その一方で、家族・家庭というアクターから教育へと伸びるベクトル④は「連れ出し」、すなわち公共空間への動員ベクトルと名づけることができる。かつてこのラインを構成していたのはもっぱら教育費の私的負担だった。かつての3ト（アルバイト・リベート・プレゼント）時代から塾等教育産業や習い事の

経費まで、このことは表立って語るのを避けられてきた。しかし公私分離秩序の崩壊を受け様相は大きく変わった。仁平が詳細に明らかにしたボランティア型動員秩序（仁平 2011）の台頭を受け、参加のあり方も単に金を出すだけにとどまらない、「頭と体を提供する」タイプの親の教育参加が求められるようになった。コミュニティスクール制度など地域連携・親の教育参加の流れがその最も顕著な動きである。また、前項の「教育福祉的援助」のなかに含められることの多いいわゆる「無料塾」事業はこのベクトル④に位置づけることもできる。いまや一家族たりとも、経済的事情を言い訳に学力向上という「公事」に背を向けることが許されなくなった。どんな手を使ってでも参加させねばならない。そこで飛び出したのが「無料塾」だったというわけだ。

　こうした状況描写を踏まえれば、世紀転換期以後の教育と福祉は連携や結合というより、否応なく接近を余儀なくされたと言った方がふさわしい。この接近は今のところ残念ながら、互いに相手の異質性に学びその優れた点を採り入れるポジティブな性格より、異質ゆえの反目が際立つという不幸な性格を帯びているようだ。それをまず養育（福祉）の側から言えば、脆弱化した養育エージェント（家族・家庭）の下支えに公教育・学校が召喚されたことで、無条件の生の保障を前提としていた福祉領域に、教育の価値強制的・同化的性質が投入されたこと、これが大きな不幸である。それは海外では職業訓練受講を条件とする生活扶助給付の常態化としていち早くあらわれ（仁平 2015）、日本でも生活保護認定の厳格化のなかにそうした徴候が認められる。また教育の側から言えば、これまで価値一元性をデフォルトとし多元性や多様性への耐度・免疫が極めて低かった学校教育の場に、無秩序なほど価値多様性に富む家庭というアクターを抱え込まざるをえなくなったこと、これが不幸の一因である。保護者の様々な理不尽な要求に苦しむ学校現場の様子が漏れ伝わるが、たとえばそうした局面に実体化している。

　結局、現行のクロスオーバー状況の最大の不幸は、基本的に両者を並立させつつも結合の余地も残す柔軟性をも備えたリベラリズムの構図が崩壊したあと、互いに脆弱化した両者が他に選択の余地なく、最悪のパートナーと「もたれ合い」の関係に入ってしまったことで、共倒れのリスクまで背負いこんでいるこ

とである。

　こうした現状分析の最後に、教育が介在した無条件の社会保障は不可能であり、あくまで教育から自立した社会保障を構想するべきとする仁平の主張に、微妙な反論的コメントをしておきたい。仁平の主張は正論だが、それは教育、社会保障（福祉）をそれぞれ無菌状態においた仮定のもとでの議論である。みてきたような公私融合が不可逆的に進行している状況では「教育から自立した社会保障」の道すじは見えず、両者のベストミックスを模索するしかないのではあるまいか。


## 5. 本章のおわりに──「不幸な状況」を脱する道は？

　21世紀に入ってからの「クロスオーバー現象」の大きな問題点は、教育と養育（福祉）がともに脆弱化するなかで、脆弱化した一方の補強を要請された他方もまた疲弊し、このままでは共倒れの可能性が高いことであった。この共倒れリスクをいやがおうにも高めているのは、教育や養育（ケア・福祉）を担うバックアップアクターの不在である。これは長らく続いた20世紀後半のリベラリズム秩序のもと、教育と養育（福祉）領域をそれぞれ学校、家族（家庭）というアクターが独占し、他の受け皿が育つ機会が封殺されてきたことが与って大きい。

　であるから、弱体化した者同士の支え合い（＝共倒れ）という危機の構図を変えるには、教育や福祉（養育）という機能領域にかかわる第三、第四のアクターの登場がどうしても不可欠である。たとえばここで、「一生サービス化」をうたうまでに巨大化した各種教育産業の進出をどう捉えればよいのか。またもや教育の公共性という切り札（もはや有効かどうかも微妙だ）を持ち出して問答無用に切り捨てるのか、だとすればアクターの代わりはいるのか、待ったなしに問われている。

　また、受け皿探しに劣らず重要な論点として、主要アクターである家族（家庭）と学校が「強さの回復」という強迫から解放される必要を最後に強調しておきたい。現在試みられたり構想されたりしている教育福祉的取り組みは、各

アクターに本来の「強さ」「力」の回復を求めるばかりか、従来とは異質な「力」の付加的実装までも要求しているのが現状である（「ケアする学校」「教育する家庭」）。しかしこれまで本章で論じてきたように、かつてアクターに備わっているかのように見えた「強さ」は、20 世紀後半のリベラリズム秩序の下で諸条件がそろったことによる偶然の産物であり、かりそめのものでしかなかった。そのメッキが剝げ落ちているにもかかわらず、異分野まで受けもつ余力があろうはずがない。この認識に立つとすれば、「強さ」の復活を志向するよりも現実的で生産的な道は、いま露わになった「弱さ」を抱きしめ、それを血肉化した教育・福祉哲学を打ち立てることではないだろうか。

　より具体的に言えば、「養育しない家庭（家族）」「教育しない学校」というものがありうるというイマジネーションを具体的かつ豊かにもち、社会的な意味を予め指定されてきた種々の機能空間の、脱意味化（脱機能空間化）を模索することである。「教育しない学校」については、これまで蓄積されてきたオルタナティブな学校構想や実践の成果に虚心坦懐にもう一度向き合うことでえられるものがあるかもしれない。また「養育しない家族」についてはイメージをもつのが難しいかもしれないが、近年の家族社会学には、知念渉のそれのように、非常に繊細なアプローチによって「家族の成員がケアを提供していなくても、当事者たちが『家族であること』を成し遂げている可能性」（知念 2014: 111）を見事にすくい取った研究も登場している。こうした成果に学んでいくことがその一歩につながっていくだろう。

## ❖ 註

1　ただしその後、仁平（2018）では〈教育〉の論理と〈無為〉の論理の相互浸透性を
　　打ち出すなど、議論の軌道修正も図られている。一方、教育と社会保障の分離とい
　　う主張を一層突き詰めた議論として山口（2020）も参照。
2　本節の一部は、一時取りざたされた「家庭教育支援法」案をめぐり、教育基本法と
　　の連続性を論じた倉石（2017）を拡張したものである。

```
┌─────────────────────────────────────────────┐
│  ┌───────────────────────────────────────┐  │
│  │                                       │  │
│  │              終　章                    │  │
│  │                                       │  │
│  │     蟷螂の斧をふりかざす               │  │
│  │  ──コロナ禍のもとでの思考停止に抗う    │  │
│  │                                       │  │
│  └───────────────────────────────────────┘  │
└─────────────────────────────────────────────┘
```

　本書に収録した文章の執筆時期にはかなりの幅がある（2005 ～ 2020 年）が、集中的に手を入れた期間は 2020 年 9 月から 12 月の間である。その間、日本のみならず世界は新型コロナウイルス問題に襲われ、未だ出口が見えない状況にあるのは周知のとおりである。しかしながら初出原稿の改稿過程に、このコロナ禍の視点はほとんど反映させられなかった。〈包摂と排除〉を考える者にとって今回のコロナ禍が、これまでの議論の拠り所を掘り崩すほどの歴史的転換点となることは間違いない。東日本大震災にひき続き、教育と福祉との接合や支援、社会保障・生活保障のあり方がこれほど切実に、リアルタイムで問われる事態がくるとは予想もつかなかった。あまりの事態の凄まじさに呆然自失し、なすすべもなかったというのが正直なところである。

　この終章は、流動的な事態のなかで観察される、いくつかの思考停止現象にスポットをあてる。いまわたしは呆然自失と書いたが、もっとも危険なのは目先の問題に引きずられて自分の頭で考えることを放り出してしまうことである。思考停止の圧に抗って、〈包摂と排除〉をめぐって考え続けなければならない大切ないくつかのことを、備忘録としてここにしたためておきたい。

## 1．創発的包摂への逆風？　──専門家と非専門家の関係性

　社会全体がコロナ禍に覆われて以降の日々を振り返って、まず痛感するのが、

これほどに（科学の）専門家の存在がクローズアップされ、また社会のなかでのそのあり方が問われたのも、東日本大震災における原発事故以来の事態だということである。コロナ禍における専門家のあり方をめぐってはさまざまな議論が寄せられているが、あえて乱暴にその構図をまとめると、良心的だが無力な専門家に同情的な一方で、反知性主義の呪縛から専門家の意見に耳を傾けず効果的な対策がうてない愚昧な権力者を批判する、という図式が最大公約数なのではないだろうか。〈包摂と排除〉というテーマにとって一見迂遠な問題に思えるかもしれない。しかし、序章で提示した同心円モデルの克服というテーマは、専門家（専門職）との距離感の問題として語り直すことも可能なのである。

　同心円モデルから導き出される、包摂の社会移動モデルおよび純包摂モデルは双方とも、専門家・専門職との調和的関係を前提としている。まず社会移動モデルが、現行の教育機関による選抜機能の働きに依拠したものであることは明白である。そこでは教育機関の順機能性、ならびに教育に従事する教育専門職への信頼が前提とされている。また社会移動モデルは、専門職を頂点とする現行の職業位階をも前提としている。学校の選抜機能と職業位階制は互いに他を支え合う相補的関係にあり、両者相まって専門職・専門家の威信の保持に寄与している。

　純包摂モデルにおいては、ソーシャルワーカーをはじめ、公的福祉に従事する福祉専門職の順機能性が大前提とされている。排除をこうむっている者が「居ながらにして」包摂されるためには、専門職が判断を誤らず職業倫理に忠実に行動することが不可欠である。そもそもこのモデルは社会的な制度設計の大きな変更をともなうため、制度設計にたずさわるさらに大規模な専門家群の存在を前提としている。

　こうした同心円モデルから帰結する包摂モデルへの対抗概念として、本書では創発的包摂の概念を提起した。マイノリティを主体とする包摂の謂いであるが、忘れられがちだがこの概念のポイントの一つは、脱「専門家・専門職依存」にある。包摂に際しては、当事者の意向、すなわち自分が何を欲しているか、どう生きていきたいのかが根底になければならず、専門家の声が当事者の意向に優先することは決してあってはならない、というのが創発的包摂の立場

である。しかしながら昨今のコロナ禍にあっては、言論全体の医療化ともいうべき事態のなかで専門家はあたかも救世主のように扱われる一方で、専門家・専門職の存在を相対化する言説は急速に居場所を失いつつある。医療従事者が過酷な状況のなかで献身的に任務にあたっていることは評価すべきであるが、そのことと、専門家の判断への白紙委任に警鐘を発し続けることとは本来、両立可能なことだと考えられる。

## 2.「社会保障モデルの時代」への逆行か

　コロナ禍を受けて政府が全国民に一人当たり10万円の給付金を支給したことは記憶に新しいことであるが、このことは改めて、社会保障とは、生存保障とは何か、そこに政府が果たす役割とは何なのかという問いを喚起した。コロナ給付金をめぐっては、額の少なさやタイミングの遅さへの批判はあっても、給付自体を問題視する議論はまったくと言っていいほどなく、全面肯定論一色の感がある。しかしそこに危うさはないだろうか。ここで猪飼周平による、生活支援モデルの類型論のなかでの「社会保障モデル」の規定を手がかりに、社会保障とは何かを原理的に考えてみたい。

　猪飼によれば社会保障の特徴は、①明確で客観性のある代理指標を立てる、②複雑な生活問題をできる限り単純化する、③それによって可能な限り多人数を支援することをめざす、の三点にある（猪飼 2016: 46）。これによって貧困を中心とする大衆現象としての生活問題に対処しようとしたのが社会保障であり、その核となる制度は社会保険や公的扶助（日本では生活保護）などであった。猪飼の議論のポイントはその先にある。この社会保障が進展するにつれ、貧困は大幅に削減されていくが、どうしても取り残される生活困窮者は残る。それは金銭の給付等の単純な手段では解決できない、複雑な生活問題を抱える層である。このため、生活支援としての社会保障モデルは徐々に限界支援効率を低下させ、別の支援モデルが必要となってくるというのだ。社会保障モデルの後にくるべきそれを、猪飼は生活モデルと名づけている。

　社会保障の根幹にある思想は功利主義の「最大多数の最大幸福」である。そ

れに対して、生活モデルの根底にあるのはケアリングの思想であり、手法としてはソーシャル・ケースワークが中心となる。それは生活問題のエコロジカルな複雑さに向き合い、当事者と協働しつつ最適解を模索していく探索的な手法である。本書第1章でふれた福祉教員の手法もまた、この生活モデルの特徴を備えたアプローチであった。同心円モデルからその代替モデルの探求へという本書の方向性は、社会保障モデルの限界を踏まえた上での生活モデルの提起という猪飼周平の議論と指向性が重なっている。より洗練されたその理論的整理は、筆者にとってまことに啓発的であった。

　ひるがえってコロナ禍の昨今の情勢に目を転じたとき、給付金への思考停止的賛同には、1970年代以前の社会保障モデルにあたかも先祖返りしてしまった感を禁じえない。じっさいにはコロナ禍の今日ほど、猪飼の提起した生活モデルの重要性が高まっている時期は滅多にない。にもかかわらず、社会の関心は個々の生活困難の複雑性からはなれ、一律の機械的な給付の必要性ばかりが喧伝されているのは皮肉なことである。


## 3．労働力の商品化、然らずんば死なのか？

　コロナ禍が長引くなかで、自殺件数の増加を懸念する報道が目立ちはじめている（たとえば「コロナ禍が影響か…昨年の自殺者2万人超　女性の増加が顕著、小中高生は過去最多」東京新聞ウェブ配信、2021年1月22日）。増加傾向は統計上確認でき、待ったなしの対策が必要なことには同意するものである。しかし、コロナ禍に起因する収入の大幅な減少または途絶（広い意味での失業）を自殺と短絡的に結びつけ、自殺防止を錦の御旗に立てて「経済をまわすこと」や「経済活動と感染対策のバランス」の重要性を主張する議論には首をかしげてしまうのである。そこにも思考停止が垣間見られるのである。

　ある人が有職者である（失業していない）とはいかなる状態だろうか。いささか古くさいが、マルクス主義の労働論はシンプルでこういうときに使いやすい。それによれば有職とは、労働力が市場で商品化された状態をさす。裏返せば失業とは、当該者が労働力として商品化されていない状態である。ところで

国民の生存が、労働市場における商品化にどの程度依存しているかによって福祉国家の類型をはかったのがエスピン＝アンデルセンの福祉レジーム論であった（Esping-Andersen 1990=2001）。その類型論が教えるところによれば、商品化への依存度が高い国はもちろん存在する（それが自由主義モデルであり、典型はアメリカ合衆国）一方で、労働力の「脱商品化」が進んでいる国や社会もたしかに存在するのだ（社会民主主義モデル）。つまり労働力を商品化せずとも人びとが生き延びることができる社会設計は、現実に可能となっている。にもかかわらず、くだんの自殺言説においてはこうした可能性がかえりみられることなく、失業と自殺がひたすら短絡して結びつけられているのである。

　こうした事態を批判的に解釈するのに有用な手がかりを与えるのが、教育社会学者の間山広朗による「いじめ自殺」の概念分析である（間山2002）。間山によれば、「いじめ」と「自殺」とは本来まったく無関係な別々の事象である。しかし「いじめ自殺」という概念の発明によって両者間に関係が発生し、さらに言説の流布のなかで変容が起こり、最終的に「いじめ自殺」という最悪の帰結を、自己成就的に引き起こす場合がある。そのカギは「いじめ自殺」という概念のなかに込められた、いじめは自殺に値するほどの苦悩であるという含意にある。やがてそれは流布の過程で「いじめを受けた者は自殺せねばならない」という強迫的規範へと変化し、その「命令」に抗えない者を生み出していくというのだ。この自己成就的作用は、「コロナ（禍が引き起こした失業を苦にした）自殺」言説がメディアを通して社会全体に行きわたる場合にも、大いに懸念されることである。すなわち、失業は自殺に値するほどの苦悩である→失業者は自殺せねばならない、というメッセージの流布による悪夢の自己成就である。すでに統計上可視的なものになり始めている自殺の増加に「コロナ自殺」言説が加担することは、何としても根絶せねばならない。


## 4.　本書のおわりに──あとがきに代えて

　終章でささやかながらコロナ禍に対して思うところを述べた。同業の研究仲間の多くがSNSなどを活用して日々、社会の事象に関して精力的に発信をお

こなっているのと比べると、まことに恥ずかしい限りである。いわゆる巣ごもり状態を強いられた 2020 年 2 月下旬からゴールデンウィーク頃にかけて、わたしは軽いうつ状態となり一字も書けなくなった。似たような状態に陥った人もいると思うが、わたしがそのリハビリとして始めたのはドイツ語だった。1920 年にスペイン風邪のパンデミックがもとで亡くなったマックス・ウェーバーの没後 100 年にもあたるということで、新入生よろしくドイツ語の辞書を買い直し、ネットで文法を復習してからいきなり "Wissenschaft als Beruf" に取りかかった。案の定、3 行読むのに一時間かかり、それでも意味をとることができないという調子で、暗号解読さながらだった。そのうちに時間切れとなり、オンラインでの新学期の授業へと突入してしまった。ウェーバーのドイツ語にしたたか打ちのめされたが、心はどこか満ち足りた気分だった。ルーマンに挑んだ本書第 2 章は、このドイツ語リハビリテーションの副産物だ。やはりやってよかったのだと思う。

　しかしながら書く方の不調はその後も続き、本書の原稿整理も遅々として進まなかった。京都でお目にかかった折、本書刊行を勧めて下さった明石書店社長の大江道雅さん、辛抱強く原稿を待っていただいた同編集部部長の神野斉さん、編集実務をになって下さった寺澤正好さんには、心からお詫びとともに感謝の気持ちを伝えたい。本書収録の文章の転載を快く許諾いただいた関係版元各位にはあつく御礼申し上げる。また本書のなかには、折にふれて講義で学生向けに話した内容が土台になっている部分も多い。京都大学総合人間学部、同大学院人間・環境学研究科、愛知県立大学教育福祉学部、東京大学大学院教育学研究科の受講生の皆さん、拙い話にお付き合いいただきありがとうございました。ゲラをチェックしてくれた大学院生の久保田裕斗さん、お世話になりました。最後に、いつも家庭をかえりみず迷惑をかけている家族にもこの場を借りて御礼を申し述べたい。

2021 年 1 月　倉石　一郎

# 参考文献

阿部 彩 2011『弱者の居場所がない社会——貧困・格差と社会的包摂』講談社.

赤塚康雄 1985『底辺からみた学校教育——戦前の歴史』解放出版社.

赤塚康雄 1987『現代日本教育史——戦後反差別の教育実践』明石書店.

安保則夫編 1998『人権と共生のまちづくり』明石書店.

Arendt. H.1958 *The Human Condition*, University of Chicago Press.（志水速雄訳 1994『人間の条件』ちくま学芸文庫）

粟津龍智 1960『漁村部落——高知市長浜の場合』高知市企画室（冊子）.

Bhalla, A.S. & F.Lapeyre, 2004 *Poverty and Exclusion in a Global World*, 2nd Ed. Palgrave Macmillan.（福原宏幸・中村健吾監訳 2005『グローバル化と社会的排除——貧困と社会問題への新しいアプローチ』昭和堂）

Biesta, G. 2010 *Good Education in an Age of Measurement: Ethics, Politics, Democracy*, Paradigm Publishers.（藤井啓之・玉木博章訳　2016『よい教育とはなにか——倫理・政治・民主主義』白澤社）

部落問題研究所 1958「特集 農村部落造分析：高知県長岡郡後免町野中部落」『部落問題研究』第2輯, 部落問題研究所.

知念 渉 2014「『貧困家族であること』のリアリティ——記述の実践に注目して」『家族社会学研究』26巻2号, 日本家族社会学会, pp.102-113.

知念 渉 2018『「ヤンチャな子ら」のエスノグラフィー：ヤンキーの生活世界を描き出す』青弓社.

Esping-Andersen, G.1990 *The Three Worlds of Welfare Capitalism*, Polity Press.（岡沢憲芙・宮本太郎監訳 2001『福祉資本主義の三つの世界：比較福祉国家の理論と動態』ミネルヴァ書房）

Fass, P. (ed.) 2004, *Encyclopedia of children and childhood in history and society*, Cengage learning.（北本正章監訳 2016『世界子ども学大事典』原書房）

Faulks,K.2000 *Citizenship*, Routledge.（中川雄一郎訳 2010『シチズンシップ』日本経済評論社）

藤原史朗 1998「在日韓国朝鮮人をはじめとする在日外国人の人権」安保則夫編 1998『人権と共生のまちづくり』明石書店.

福原宏幸編 2007『社会的排除／包摂と社会政策』法律文化社．

Goodwin,M.1990. *He-said-she-said : talk as social organization among Black children*. Indiana University Press.

後藤 実 2012「包摂／排除の社会システム理論的考察」『社会学評論』63 巻 3 号，日本社会学会，pp.324-340.

浜田寿美男 1998「共生の倫理と教育」佐伯胖ら編『岩波講座　現代の教育 1』岩波書店．

韓 裕治・藤川正夫監修 2008『多文化・多民族共生教育の原点——在日朝鮮人教育から在日外国人教育への歩み』明石書店．

橋本伸也 2013「近現代世界における国家・社会・教育——「福祉国家と教育」という観点から」橋本伸也・広田照幸・岩下誠編『福祉国家と教育』昭和堂．

林 明子 2014「生活保護世帯に育つ子どもの中卒後の移行経験に関する研究」『教育社会学研究』95 集，日本教育社会学会，pp.5-24.

林 明子 2016『生活保護世帯の子どものライフストーリー——貧困の世代的再生産』勁草書房．

本田由紀 2008『「家庭教育」の隘路——子育てに脅迫される母親たち』勁草書房．

堀尾輝久 1968「義務教育」宗像誠也編『教育基本法——その意義と本質』新評論．

保坂克洋 2017「発達障害児支援としての「予防的対応」——放課後児童クラブにおける相互行為に着目して」『教育社会学研究』100 集，日本教育社会学会，pp.285-304.

猪飼周平 2016「ケアの社会政策への理論的前提」『社会保障研究』第 1 巻 1 号，pp. 138-56.

稲富 進著・中村水名子編 2008『ちがいを豊かに——多文化共生教育の明日を拓く』三一書房．

乾 美紀・中村安秀編 2009『子どもにやさしい学校——インクルーシブ教育をめざして』ミネルヴァ書房．

石戸教嗣 2003『教育現象のシステム論』勁草書房．

伊藤秀樹 2017『高等専修学校における適応と進路——後期中等教育のセーフティネット』東信堂.

岩下 誠・三時眞貴子・倉石一郎・姉川雄大 2020『問いからはじめる教育史』有斐閣．

岩田正美 2008『社会的排除——参加の欠如・不確かな帰属』有斐閣．

金井康治 1988「僕にとって、友だちっていったい何だ」『季刊福祉労働』38 号，pp.76-80.

金井康治 1989「今の『普通高校』のあり方を問いつつ、そして今」『季刊福祉労働』44 号，pp.38-44.

金井闘争記録編集委員会編 1987『2000日・そしてこれから』千書房．

苅谷剛彦 1995『大衆教育社会のゆくえ』中央公論社．

柏木智子・仲田康一編 2017『子どもの貧困・不利・困難を越える学校：行政・地域と学校がつながって実現する子ども支援』学事出版．

菊地栄治編 2000『進化する高校　深化する学び』学事出版．

菊地英昭 1983「中等教育におけるオールタナティブ教育の意義について」『日本比較教育学会紀要』9号, pp.57-63.

北村和夫 2015『オートポイエーシスとしての近代学校――その構造と作動パタン』世織書房．

北山貞夫・矢野 洋編 1990『松原の解放教育』解放出版社．

高知県同和教育資料編集委員会 1955-1957『明るい社会を子供らに』第一集, 第二集, 高知県教育委員会．

高知市福祉部会 1954『きょうも机にあの子がいない』（冊子）．

高知市長浜小学校 1962『長浜教育白書』（ガリ版冊子）部落解放・人権研究所図書室「りぶら」所蔵．

小玉重夫 2016「公共性の危機と教育の課題」『教育の再定義』岩波書店．

小国喜弘編 2019『障害児の共生教育運動――養護学校義務化反対をめぐる教育思想』東京大学出版会．

久保田裕斗 2019「小学校における「合理的配慮」の構成過程：障害児による「再参入の手続き」を中心に」『教育社会学研究』105集, 日本教育社会学会, pp.71-91.

倉石一郎 2001「〈異〉なるものへのアプローチの陥穽――部落解放教育という鏡に照らして」異文化間教育学会『異文化間教育』15, 異文化間教育学会, pp.188-197.

倉石一郎 2004「啓発におけるコミュニケーション構造と対話の関係――「対話型啓発」と「倉石モデル」の再検討」反差別国際連帯解放研究所しが『リリアンス　研究紀要解放研究　しが』14号, pp.15-25.

倉石一郎 2007『差別と日常の経験社会学――解読する〈私〉の研究誌』生活書院．

倉石一郎 2011「〈よむこと〉と〈きくこと〉との往還――オーラル・ヒストリー研究における相互行為論的視点の含意」『応用社会学研究』立教大学社会学部研究紀要, 53号．

倉石一郎 2014『アメリカ教育福祉社会史序説――ビジティング・ティーチャーとその時代』春風社．

倉石一郎 2015「生活・生存保障と教育をむすぶもの／へだてるもの――教育福祉のチャレンジ」『教育学研究』82巻4号, 日本教育学会, pp.571-582.

倉石一郎 2017「教育基本法「家庭教育条項」と「支援法」をむすぶライン・その向こ

うにあるもの：深層を読み解く一つのこころみ」『教育と文化：季刊フォーラム』88号，pp.40-47.

倉石一郎 2018『増補新版 包摂と排除の教育学——マイノリティ研究から教育福祉社会史へ』生活書院.

倉石一郎 2020「教育研究における無意識的思考と社会事業史研究の意義——高知県の福祉教員と福祉教育（同和教育）に関するわたしの研究事例から」『社会事業史研究』58号，pp.25-46, 社会事業史学会.

黒川みどり 1999『異化と同化の間——被差別部落認識の軌跡』青木書店.

『教科書無償』編集委員会編（1996）『教科書無償——高知・長浜のたたかい』解放出版社.

Luhmann, N. 1980 *Gesellschaftsstruktur und Semantik: Studien zur Wissenssoziologie der modernen Gesellschaft.* Bd1, Suhrkamp.（徳安彰訳 2011『社会構造とゼマンティク1』法政大学出版局）

Luhmann, N. 1981 *Politische Theorie im Wohlfahrtsstaat,* Olzog.（徳安彰訳 2007『福祉国家における政治理論』勁草書房）

Luhmann,N.1987 "Codierung und Programmierung: Bildung und Selektion im Erziehungssystem" in *Soziologische Aufklärung,* Bd4, Westdeutscher, S.182-201.

Luhmann,1989 "Individuum,Individualität,Individualismus" in *Gesellschaftsstruktur und Semantik,* Bd.3,Suhrkamp, S.149-258.（徳安彰訳 2013「個人・個性・個人主義」『社会構造とゼマンティク3』法政大学出版局）

Luhmann, N. 1995 "nklusion und Exklusion" in *Soziologische Aufklärung,* Bd.6, Westdeutscher.（村上淳一訳 2007「インクルージョンとエクスクルージョン」『ポストヒューマンの人間論——後期ルーマン論集』東京大学出版会）

Luhmann, N. 1997 *Die Gesellschaft der Gesellschaft,* Suhrkamp.（馬場康雄，赤堀三郎，菅原謙，高橋徹訳 2009『社会の社会』法政大学出版局）

Luhmann, N. 2000 *Die Politik der Gesellschaft,* Suhrkamp.（小松丈晃訳 2013『社会の政治』法政大学出版局）

Luhmann, N.2002 *Das Erziehungssystem der Gesellschaft,* Suhrkamp.（村上淳一訳2004『社会の教育システム』東京大学出版会）

Marshall,T.H. 1950 "Citizenship and Social Class".（岩崎信彦・中村健吾訳 1993『シティズンシップと社会的階級——近現代を総括するマニフェスト』法律文化社）

Marshall, T.H. 1950 "Citizenship and Social Class," in Marshall, T. H. & T. Bottomore, 1992 *Citizenship and Social Class.* Pluto Press.（岩崎信彦・中村健吾訳 1993『シティズンシップと社会的階級』法律文化社）

松原市立布忍小学校 1996『布忍小学校の教育改革の現状と課題』（冊子）部落解放・人権研究所図書室「りぶら」所蔵.

松原市立布忍小学校・中央小学校・第三中学校 n.d.『松原第三中学校区の教育改革』（冊子）部落解放・人権研究所図書室「りぶら」所蔵.

間山広朗 2002「概念分析としての言説分析――「いじめ自殺」の＜根絶＝解消＞へ向けて」『教育社会学研究』70 集，日本教育社会学会，pp.145-163.

三井為友 1969「宿題の社会学」『児童心理』第 23 巻 6 号，pp.24-31.

宮原誠一ほか編 1979『資料日本現代教育史』三省堂.

宮本太郎 2013『社会的包摂の政治学――自立と承認をめぐる政治対抗』ミネルヴァ書房.

水野直樹 2003「戦後史の中の民族学校――国立大学受験資格問題から見えるもの」『インパクション』137 号，pp.52-67.

水田精喜 1964『未完成の記録』部落問題研究所.

持田栄一 1979『教育行政学序説――近代公教育批判』明治図書.

盛満弥生 2011「学校における貧困の表れとその不可視化――生活保護世帯出身生徒の学校生活を事例に」『教育社会学研究』88 集，日本教育社会学会，pp.273-294.

向井 正 1975「大衆闘争の中心にいた子どもたち」『解放教育』45，pp.21-29.

村越良子・吉田文茂 2014-2016「回顧　教科書無償運動　1 〜 18」『部落解放』702 号〜725 号.

村越良子・吉田文茂 2017『教科書をタダにした闘い――高知県長浜の教科書無償運動』解放出版社.

村田晃嗣 2018『銀幕の大統領ロナルド・レーガン――現代大統領制と映画』有斐閣.

鍋島祥郎 2003『効果のある学校』解放出版社.

長澤敦士 2021「子どもの貧困研究における生活史法の方法論的可能性――生活保護受給世帯で養育されたある若年女性の生活史調査から」京都大学大学院人間・環境学研究科修士学位論文.

中野耕太郎 2015『二〇世紀アメリカ国民秩序の形成』名古屋大学出版会.

中野耕太郎 2019『二〇世紀アメリカの夢――世紀転換期から一九七〇年代』岩波書店.

中野敏男 2001『大塚久雄と丸山真男』青土社.

中野陸夫・池田 寛・中尾健次・森 実 2002『同和教育への招待』解放出版社.

仁平典宏 2009「〈シティズンシップ／教育〉の欲望を組みかえる――拡散する〈教育〉と空洞化する社会権」広田照幸編『自由への問い⑤　教育』岩波書店.

仁平典宏 2011『「ボランティア」の誕生と終焉――〈贈与のパラドクス〉の知識社会学』名古屋大学出版会.

仁平典宏 2014a「再生産レジームと教育の位置——公教育の外側から」広田照幸・宮寺晃夫編『教育システムと社会——その理論的検討』世織書房.

仁平典宏 2014b「社会保障——ネオリベラル化と普遍主義化のはざまで」小熊英二編『平成史 増補新版』河出書房新社.

仁平典宏 2015「〈教育〉化する社会保障と社会的排除——ワークフェア・人的資本・統治性」『教育社会学研究』96 集, 日本教育社会学会, pp.175-196.

仁平典宏 2018「〈教育〉の論理・〈無為〉の論理：生政治の変容の中で」『教育学研究ジャーナル』22 号, 中国四国教育学会, pp.43-49.

西田芳正 2012『排除する社会・排除に抗する学校』大阪大学出版会.

岡野八代 2009『増補版シティズンシップの政治学』白澤社.

小野雅博 2002「教科書無償化の闘い」森実編『同和教育実践がひらく人権教育』解放出版社.

大澤真幸 2015『社会システムの生成』弘文堂.

大田堯編 1987『戦後教育史』岩波書店.

朴 正恵 2008『この子らに民族の心を——大阪の学校文化と民族学級』新幹社.

Rury, J.& Hill. S. 2012,*The African American Struggle for Secondary Schooling, 1940-1980 : Closing the Graduation Gap*, Teachers College Press. （倉石一郎・久原みな子・末木淳子訳 2016『黒人ハイスクールの歴史社会学——アフリカ系アメリカ人の闘い 1940-1980』昭和堂）

劉 博昊 2018「ルーマンのシステム理論における「全人格」概念に関する研究」『教育デザイン研究』9, pp.81-90.

齋藤純一 2000『公共性』岩波書店.

佐川宏迪 2020「定時制高校はいかにして中退経験者を学校に定着するよう動機づけたのか」『ソシオロゴス』44 号, pp.88-103.

酒井 朗 2010「学校に行かない子ども」苅谷剛彦ほか編『教育の社会学』有斐閣.

榊原賢二郎 2016『社会的包摂と身体——障害者差別禁止法制後の障害定義と異別処遇』生活書院.

桜井智恵子 2005『市民社会の家庭教育』信山社.

桜井智恵子 2017「「自立した個人」という福祉国家の原理的課題——「子どもの貧困」対策としてのワークフェア子ども版——学習支援を問う」『人間福祉学研究』10 巻 1 号, pp.53-65.

Sapphire,1996 *Push*, Vintage.（東江一紀訳 2010『プレシャス』河出文庫）

佐藤千登勢 2013『アメリカ型福祉国家の形成—— 1935 年社会保障法とニューディール』

筑波大学出版会.

佐藤千登勢 2019「アメリカの社会福祉と人種・エスニシティ、市民権」後藤玲子・新川敏光編『新世界の社会福祉6　アメリカ合衆国　カナダ』旬報社.

佐藤秀夫 1987『学校ことはじめ事典』小学館.

佐藤秀夫 1990『ノートや鉛筆が学校を変えた』平凡社.

佐藤秀夫 1999「『宿題』はなぜ生まれたのだろう──その歴史の意味するところ」『おそい・はやい・ひくい・たかい』№2, ジャパンマシニスト社, pp.17-22.

佐藤秀夫 2000『学校教育うらおもて事典』小学館.

佐藤秀夫 2004『教育の文化史①　学校の構造』阿吽社.

佐藤秀夫 2005a『教育の文化史②　学校の文化』阿吽社.

佐藤秀夫 2005b『教育の文化史③　史実の検証』阿吽社.

佐藤秀夫 2005c『教育の文化史④　現代の視座』阿吽社.

佐藤貴宣 2019「インクルージョン実践における［排除］の可能性──全盲児の学級参加をめぐる教師の経験とその論理」『教育学研究』86巻2号, 日本教育学会, pp.287-299.

佐藤 勉 2004「ルーマン理論における排除個人性の問題」『淑徳大学社会学部研究紀要』38, pp.63-78.

澁谷智子 2018『ヤングケアラー──介護を担う子ども・若者の現実』中公公論新社.

澁谷智子編 2020『ヤングケアラーわたしの語り──子どもや若者が経験した家族のケア・介護』生活書院.

志田未来 2015「子どもが語るひとり親家庭──「承認」をめぐる語りに着目して」『教育社会学研究』96集, 日本教育社会学会, pp.303-323.

志水宏吉 2003『公立小学校の挑戦──「力のある学校」とはなにか』岩波書店.

障害児を普通学校へ・全国連絡会編 2008『障害児が学校へ入るとき──特別支援教育に抗して』千書房.

末岡尚文 2018「普通学校就学運動から見る障害児の意志──金井闘争に焦点を当てて」『東京大学大学院教育学研究科基礎教育学研究室紀要』44, pp.83-94.

鈴木文治 2015『閉め出さない学校──すべてのニーズを包摂する教育へ』日本評論社.

鈴木祥蔵・横田三郎・村越末男編 1976『戦後同和教育の歴史』解放出版社.

武田泰淳 1943「司馬遷伝」『司馬遷──史記の世界』日本評論社.

谷内照義 1994『流れるままに──谷内照義聞き取り集』（冊子）.

辻 由希 2012『家族主義福祉レジームの再編とジェンダー政治』ミネルヴァ書房.

渡會知子 2006「相互作用過程における「包摂」と「排除」: N. ルーマンの「パーソン」

概念との関係から」『社会学評論』57 巻 3 号，日本社会学会，pp.600-614.

山田富秋 2003「社会啓発の『対話』的方法」反差別国際連帯解放研究所しが『リリア
　　ンス　研究紀要解放研究しが』13 号，pp.33-46.

山田洋次・朝間義隆 1996『学校Ⅱ』筑摩書房.

山口　毅 2020「生存保障への教育社会学的アプローチの失敗──逸脱の政治パースペク
　　ティヴによる規範的考察」『教育社会学研究』106 集，日本教育社会学会，pp.99-120.

山村賢明 1993『家庭と学校』放送大学教材.

山之内靖 1995「方法的序論──総力戦とシステム統合」山之内靖・ヴィクター・コシュ
　　マン・成田龍一編『総力戦と現代化』柏書房.

山之内靖 1996「特別インタヴュー　総力戦・国民国家・システム社会」『現代思想』24 巻 7 号，
　　pp.8-33.

梁　英聖 2004「朝鮮学校出身者の大学受験資格問題」『技術と人間』33 巻 6 号，pp.70-81.

保田直美 2014「学校への新しい専門職の配置と教師役割」『教育学研究』81 巻 1 号，日
　　本教育学会，pp.1-13.

横塚晃一 2007『母よ、殺すな！』生活書院.

好井裕明 2000「「啓発する言説構築」から「例証するフィールドワーク」へ」好井裕明・
　　桜井厚編『フィールドワークの経験』せりか書房.

好井裕明 2003「『評価されるための道徳』から『自分が自分を"啓いていく"快感』へ
　　──ある社会啓発講座が実践するコミュニケーションの解読から」反差別国際連帯
　　解放研究所しが『リリアンス　研究紀要解放研究しが』13 号，pp.47-62.

好井裕明 2004『ドキュメント・対話型啓発』リリアンス・ブックレット.

# 初出一覧

（ただし本書収録にあたりどの章も大幅に加筆修正を加えている）

第1章　「包摂／排除論からよみとく日本のマイノリティ教育——在日朝鮮人教育・障害児教育・同和教育をめぐって」稲垣恭子編『差別と排除の〔いま〕5　教育における包摂と排除——もうひとつの若者論』明石書店, 2012年, pp.99-134.

第2章　「《教育における排除 - 包摂》という問題機制への反省——ルーマン理論を手がかりとした出口の模索」日本教育社会学会第72回大会発表稿, 2020年.

第3章　「おびえる日本社会、凝固化する在日朝鮮人問題——あるビデオドキュメンタリーを素材とした"超・メディア社会学"の試み」好井裕明編『繋がりと排除の社会学』明石書店, 2005年, pp.117-173.

第4章　「戦後教育における「必要の政治」」志水宏吉編『岩波講座教育 変革への展望 第2巻 社会のなかの教育』岩波書店, 2016年, pp.43-72.

補　章　「〈宿題〉から見た解放教育——教育総動員体制論序説」『東京外国語大学論集』71号, 2005年, pp.181-196.

第6章　「生活・生存保障と教育のむすび直し・再論——公私融合の現実にどう立ち向かうか」『教育学研究ジャーナル』第22号, 中国四国教育学会, 2018年, pp.35-41.

# 索引

## アルファベット

## あ行

## か行

## さ行

[著者略歴]

倉石 一郎（くらいし　いちろう）
京都大学大学院人間・環境学研究科教授。1970年兵庫県生まれ。京都大学大学院人間・環境学研究科博士後期課程修了。博士（人間・環境学）。東京外国語大学教員をへて現職。この間、ウィスコンシン大学マディソン校客員研究員などを歴任。研究分野は教育学・教育社会学・教育社会史。特にマイノリティ教育の比較分析。
主著に『映像と旅する教育学』（昭和堂、2024年）、『テクストと映像がひらく教育学』（昭和堂、2019年）、『増補新版　包摂と排除の教育学』（生活書院、2018年）、『アメリカ教育福祉社会史序説』（春風社、2014年）、『差別と日常の経験社会学』（生活書院、2007年）。共著として『問いからはじめる教育史』（岩下誠、三時眞貴子、姉川雄大との共著、有斐閣、2020年）。翻訳書として『インクルーシブ教育ハンドブック』（佐藤貴宣らとの共監訳、北大路書房、2023年）、『教育依存社会アメリカ』（小林美文との共訳、岩波書店、2018年）、『黒人ハイスクールの歴史社会学』（久原みな子、末木淳子との共訳、昭和堂、2016年）。

教育福祉の社会学
──〈包摂と排除〉を超えるメタ理論

2021年6月15日　初版 第1刷発行
2024年9月14日　初版 第3刷発行

著　者　倉　石　一　郎
発行者　大　江　道　雅
発行所　株式会社 明石書店
〒101-0021 東京都千代田区外神田6-9-5
電話 03（5818）1171
FAX 03（5818）1174
振替　00100-7-24505
https://www.akashi.co.jp/

進　行　寺澤正好
組　版　デルタネットデザイン
装　丁　明石書店デザイン室
印　刷　株式会社文化カラー印刷
製　本　本間製本株式会社

（定価はカバーに表示してあります）　　　　ISBN978-4-7503-5220-6

# シリーズ

【全6巻】

# 差別と排除の〔いま〕

日本社会の伝統的な差別形態が見えにくくなっている中で、インターネットといった新しい伝達手段の普及もあって、新たな差別と排除が広がっている。従来の類型を超えて「空間」「文化・メディア」「福祉・医療」「教育」「セクシュアリティ」という5つの視点から、現代の差別と排除をとらえるシリーズ。

四六判／上製

**❶ 現代の差別と排除をみる視点**

町村敬志、荻野昌弘、藤村正之、稲垣恭子、好井裕明 編著

◉2400円

**❷ 都市空間に潜む排除と反抗の力**

町村敬志 編著

◉2400円

**❸ 文化・メディアが生み出す排除と解放**

荻野昌弘 編著

◉2200円

**❹ 福祉・医療における排除の多層性**

藤村正之 編著

◉2200円

**❺ 教育における包摂と排除** もうひとつの若者論

稲垣恭子 編著

◉2400円

**❻ セクシュアリティの多様性と排除**

好井裕明 編著

◉2200円

〈価格は本体価格です〉

# シリーズ
# 学力格差
## 【全4巻】

志水宏吉【シリーズ監修】
◎A5判／上製／◎各巻 2,800円

第1巻〈統計編〉
## 日本と世界の学力格差
### 国内・国際学力調査の統計分析から
川口俊明 編著

第2巻〈家庭編〉
## 学力を支える家族と子育て戦略
### 就学前後における大都市圏での追跡調査
伊佐夏実 編著

第3巻〈学校編〉
## 学力格差に向き合う学校
### 経年調査からみえてきた学力変化とその要因
若槻健、知念渉 編著

第4巻〈国際編〉
## 世界のしんどい学校
### 東アジアとヨーロッパにみる学力格差是正の取り組み
ハヤシザキ カズヒコ、園山大祐、シム チュン・キャット 編著

〈価格は本体価格です〉

〈価格は本体価格です〉